新时代智库出版的领跑者

智库中社

国家智库报告（2021）

National Think Tank（2021）

中国区域协调发展指数报告

（2020）

CHINA COORDINATED REGIONAL
DEVELOPMENT INDEX REPORT（2020）

黄群慧　叶振宇　等著

中国社会科学出版社

图书在版编目（CIP）数据

中国区域协调发展指数报告.2020 / 黄群慧等著 . —北京：中国社会科学
出版社，2021.8
（国家智库报告）
ISBN 978 - 7 - 5203 - 8929 - 7

Ⅰ.①中…　Ⅱ.①黄…　Ⅲ.①区域经济发展—协调发展—
研究报告—中国—2020　Ⅳ.①F127

中国版本图书馆 CIP 数据核字（2021）第 166090 号

出 版 人	赵剑英
项目统筹	王　茵　喻　苗
责任编辑	夏　侠　李　沫
责任校对	周　昊
责任印制	李寡寡

出　　　版	中国社会科学出版社
社　　　址	北京鼓楼西大街甲 158 号
邮　　　编	100720
网　　　址	http://www.csspw.cn
发 行 部	010 - 84083685
门 市 部	010 - 84029450
经　　　销	新华书店及其他书店

印刷装订	北京君升印刷有限公司
版　　　次	2021 年 8 月第 1 版
印　　　次	2021 年 8 月第 1 次印刷

开　　　本	787×1092　1/16
印　　　张	8.25
插　　　页	2
字　　　数	85 千字
定　　　价	49.00 元

凡购买中国社会科学出版社图书，如有质量问题请与本社营销中心联系调换
电话:010 - 84083683

课题负责人、执笔人：

黄群慧　中国社会科学院经济研究所所长、研究员

课题组成员、执笔人（按姓氏笔画顺序）：

叶振宇　中国社会科学院工业经济研究所区域经济室主任、研究员

王　宁　商务部国际贸易经济合作研究院副研究员

姚　鹏　曲阜师范大学经济学院副教授

袁惊柱　中国社会科学院工业经济研究所助理研究员

崔志新　中国社会科学院工业经济研究所助理研究员

摘要：党的十八大以来，在以习近平同志为核心的党中央坚强领导下，中国区域协调发展取得明显的成效，积累了许多宝贵的实践经验，并作为一项重要的战略写入党的十九大报告。本书基于区域协调发展的理论内涵和基本目标，构建了一个能够适用于长期跟踪分析中国区域协调发展成效的评价指标体系。测算结果表明，2012—2020年中国区域协调发展指数呈现持续上升的势头，"十三五"时期上升幅度更大。在指数变化中，基础设施通达程度和基本公共服务均等化是推动区域协调发展的主要力量，人民生活水平差距、地区比较优势发挥和绿色低碳协同发展也起了重要的作用。从分项指数值来看，地区发展差距有所收敛，居民收入和消费水平差距趋于缩小，但地区发展的绝对差距仍然较大，促进各地区相对均衡发展仍是一项长期性的艰巨任务；各地区基本公共服务均等化取得明显进步，但各地区教育、医疗、养老等公共服务发展还不够均衡、同步。各地区交通、通信等基础设施明显改善，基础设施通达程度迅速提高，居民出行效率得到较大提升。地区比较优势发挥作用有所增强，但还不够充分，要素空间配置效率还有待改善；各地区高度重视生态文明建设，绿色低碳协同发展成效显现，节能降耗、碳排放、重点流域水环境治理、大气污染防治等方面都实现不同程度改善。总之，这些年中国区域协调发展的成效是来之不易的，这必将在新发展格局下为未来推动优势互补高质量发展的区域经济布局创造有利的条件。

关键词：区域协调发展指数；高质量发展；新发展理念；新发展格局

Abstract: Since the 18th CPC National Congress, under the strong leadership of the CPC Central Committee with Comrade Xi Jinping as its core, China has made remarkable progress in coordinated regional development and accumulated valuable practical experience, which has been included as an important strategy in the report of the 19th CPC National Congress. Based on the theoretical connotation and basic objectives of coordinated regional development, this book constructs an evaluation index system that can be used to track and analyze the effect of coordinated regional development in China for a long time. The calculation results show that the coordinated regional development index of China continues to rise from 2012 to 2020, and the increase rate is even greater during the *13th Five-Year* period. In the index change, the accessibility of infrastructure and the equalization of basic public services are the main forces driving the coordinated development among regions. The gap in people's living standards, regional comparative advantages and the coordinated development of green and low-carbon also play an important role. From the value of subindex, China has reduced the gap of residents' income and consumption with regional balanced development. However, the absolute gap between different regions is still large. It is still a long-term and arduous task to promote the relatively balanced development of different regions. Significant progress has been made in ensuring equal access to basic public services across the regions, but the development of public services, such as education, medical care and elderly care, is not balanced or synchronized. The transportation, communication and other infrastructure in all regions have been significantly improved, the accessibility of infrastructure has been rapidly improved, and the travel efficiency of residents has been greatly improved. The role of regional comparative advantage has been strengthened, but it is not enough, and the spatial allocation efficiency of factors needs to be improved. All regions have attached great importance to ecological progress, achieved coordinated green and low-carbon development, and improved energy conservation and consumption reduction, carbon emissions, water environment improvement in key river basins, and air pollution prevention and control to varying degrees. All in all, China's hard-won achievements in regional coordinated development in recent years will create favorable conditions for spatial economic distribution and promote high-quality development in the new framework of development.

Keywords: Coordinated Regional Development Index; High Quality Development; New Development Philosophy; New Framework of Development

目　　录

一　中国区域协调发展的进展情况 ……………（1）

　（一）中国区域协调发展的阶段成效 …………（2）

　（二）中国区域协调发展的典型案例 …………（5）

　（三）地方贯彻落实协调发展理念的
　　　　基本情况 …………………………………（8）

　（四）当前中国区域协调发展面临的
　　　　主要问题 ………………………………（11）

二　区域协调发展的研究现状与国际经验………（15）

　（一）区域协调发展的研究现状 ……………（15）

　（二）区域协调发展的国际经验 ……………（30）

　（三）国际经验对中国的启示 ………………（36）

三　区域协调发展评价指标体系与测算
　　结果分析 ………………………………………（38）

　（一）评价指标体系的构建原则 ……………（38）

（二）评价指标体系的研究设计 …………… （40）

（三）评价指标体系的测算方法 …………… （47）

（四）区域协调发展指数结果分析 ………… （49）

四　中国深入实施区域重大战略的专题研究…… （57）

（一）京津冀协同发展的新形势新思路 …… （57）

（二）长江经济带加快高质量发展
的思路 ………………………………… （70）

（三）长三角区域一体化的难题与应对 …… （76）

（四）粤港澳大湾区过快"去工业化"
风险防范 ……………………………… （82）

（五）雄安新区与周边地区的融合发展 …… （88）

五　新发展格局下促进区域协调发展的建议…… （97）

（一）把握新发展格局对区域协调发展的
内在要求 ……………………………… （97）

（二）加强对"三个繁荣"的正确认识 …… （99）

（三）深化要素跨区域流动的体制机制
改革 …………………………………… （100）

（四）创新举措推动产业转移协作 ………… （102）

（五）增强特殊区域的发展能力 …………… （103）

（六）促进区域互动融合发展 ……………… （105）

（七）完善区域协调发展配套政策 ………… （106）

（八）健全区域协调发展机制 ……………………（108）

（九）提升各级政府落实协调发展的

能力 ……………………………………（110）

参考文献 ………………………………………（112）

后记 …………………………………………（118）

一 中国区域协调发展的
进展情况

新中国成立以来，特别是改革开放以来中国综合国力发生了翻天覆地的变化，2020 年国内生产总值达到 101.6 万亿元，中国经济总量占世界经济总量的份额由 2002 年的 4.4% 提高到 2020 年的 17% 左右；中国经济总量排名也相应从 2002 年的全球第 6 位上升至 2020 年的全球第 2 位，并呈现与美国的差距持续缩小的趋势。伴随着经济实力不断增强，中国区域差距较大问题逐渐显现，加快解决区域发展不平衡、不充分问题已经成为当前中国区域协调发展的攻坚方向。2017 年，"区域协调发展战略"被写入党的十九大报告，这是历次党代会文件上首次出现的。2020 年，党的十九届五中全会对"十四五"区域协调发展战略做了具体的部署和机制安排，并明确提出了在发展中促进相对平衡。2021 年是中国共产党建党百年，总结分析中国区域协调发展取得阶段成效具有重要的现实意义。这些成就是各级政府长期以来坚持党的领导，在积极深入实施改革开放的探索中取得的，是中国社会主义现代化建设的重要组成部分。

（一）中国区域协调发展的阶段成效

进入 21 世纪以来，中国充分发挥地区比较优势，审时度势地实施了一系列的区域发展战略，推动区域政策体系不断完善，鼓励区域发展创新实践，取得了显著的成效。中西部地区获得更多的发展机会，东北等老工业基地振兴获得更强的发展后劲，革命老区、民族地区、边疆地区、贫困地区逐渐壮大发展内生动力。

第一，中国地区经济增长格局发生积极的变化。2000 年以来，随着西部大开发、东北振兴、中部崛起等区域战略先后付诸实施，中国四大板块发展的不平衡不协调问题有所缓解。如果以 2000 年为基期的可比价计算，2001—2019 年东部、中部、西部和东北地区的年均增速分别为 10.4%、10.7%、11.1%、9.5%，中部、西部地区经济增速快于东部和东北地区（见图 1-1）。尽管 2010 年以来东北地区增速出现了明显下降的趋势，但在这些年全面振兴政策的带动下又实现止跌稳步回升。同时，中国中西部地区出现了成渝城市群、武汉都市圈、中原城市群、关中城市群等人口集聚度高、经济增长较快、中心城市带动作用强的重点区域，成都、重庆、武汉、郑州、长沙、合肥等省域中心城市实力不断增强。"十三五"以来，中国已出现了四大板块联动发展、区域协同发展、城市群一体化发展等现象，这些现象从侧面反映了中国初步形成了多极化的地区经济增长格局。

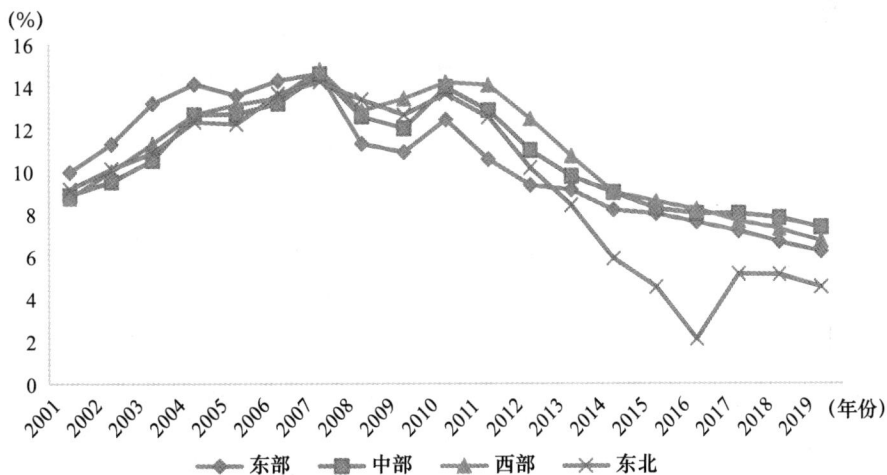

图 1 - 1　中国四大板块经济增长速度变动（2001—2019 年）

资料来源：历年《中国统计年鉴》。

第二，产业转移呈现出规模化、集群化、基地化的新趋势。在京津冀协同发展、长江经济带发展、粤港澳大湾区建设、长三角区域一体化发展等区域重大战略的带动下，中国产业转移与区域协调发展同步加快，带动区域整体实力稳步提升。京津冀、长三角等地区出现城际产业转移的势头。京津冀"2 + 4 + 46"

重点平台对区域内产业转移承接的支撑作用明显。长三角地区积极打造主导产业集群，推进跨区域园区合作共建，电子信息、高端装备、汽车、纺织服装等产业集群在国内同类产业集群中目前处于领先地位。随着劳动力成本快速上涨，中国东部沿海地区劳动密集型产业或加工制造环节向中西部地区大规模转移，服装、陶瓷、机械加工等传统产业集群或生产基地甚至出现了群体性转移。

第三，现代高速交通网拓宽了经济发展新空间。2020年中国高速公路通达里程已经达到了16.10万千米，是2000年的9.88倍。① 广东、福建、河南、江西、贵州、辽宁等省份实现了县县通高速的目标，高速公路已经成为中西部许多偏远地区的致富路、小康路和幸福路。同时，2010年以来，中国高速铁路网络进入大规模建设阶段，到2020年年底高速铁路营运里程达到3.79万千米，高铁正成为中国广大地区居民快速出行的主要交通工具。② 随着交通大通道建成，中国内地经济发展区位条件发生了显著变化，内陆开放正进入全面加速的阶段。

第四，脱贫攻坚任务如期全面完成。2012年，以习近平同志为核心的党中央决定全面打响脱贫攻坚战，从

---

① 数据来源：《中国统计摘要2021》。
② 数据来源：国家铁路局。

而拉开了新时代脱贫攻坚的序幕。2013 年以来，党中央先后提出了精准扶贫的理念和"六个精准""五个一批"等举措，在贫困地区得到较好的贯彻落实，进而取得脱贫攻坚的重大历史性成就。2020 年，按现行标准，中国农村贫困人口全部脱贫，贫困县全部摘帽，近一亿农村贫困人口实现脱贫，为全球减贫事业作出了重大贡献。可以说，中国减贫事业既创造出了"中国奇迹"，又向世界展示了减贫治理的"中国样本"。

第五，扶贫协作和对口支援促进区域合作发展。20 多年来，中国发挥了社会主义制度优越性，开展了多形式、多层次、全方位的东西部对口扶贫协作和对口支援，探索山海协作、"飞地"合作等跨区域协作模式，有效遏制了中国地区差距加速扩大的趋势，使得西部贫困地区、民族地区、革命老区、重灾区等特殊困难地区居民收入逐步提高，基础设施明显改善，内生发展动力显著增强。同时，中国也从中摸索出了优势互补、长期合作、聚焦扶贫、互利共赢的宝贵经验。

（二）中国区域协调发展的典型案例

第一，贵州省贵阳市发展大数据带活省域经济。2013 年贵阳市和北京市中关村科技园区共同建设"中关村贵阳科技园",并以此为载体开始发展大数据产业。在产业发展初期,贵阳市就做好了大数据产业发展的三步走规划,起步阶段重点建设大数据存储和云计算中心,中期阶段着力创建大数据综合试验区,在中远期阶段重点发展大数据全产业链和全领域应用。经过多年来的发展,贵阳市大数据产业成为贵州省实现后发赶超的亮点,贵阳市引进了一批世界级的互联网公司设立大数据中心,极大激发了省域经济发展活力,使得贵州省获批创建国家大数据综合试验区。2018年,贵州省有1625户实体企业与大数据实现深度融合,全省电信业务总量较上年增长165.5%,规模以上软件和信息技术服务业、互联网和相关服务营业收入较上年分别增长21.5%和75.8%。①

　　第二,河南省郑州市打造内陆开放的国家中心城市。2010年以来,郑州市加快构筑内陆开放高地。一方面,积极打造内陆开放的国际航空枢纽。2013年3月,《郑州航空港经济综合实验区发展规划》获得国务院批复后开始实施,这标志着中国首个航空港综合实验区进入先行先试阶段。该航空港依托新郑国际机场,以新郑综合保税区为核心,形成一个集航空、高铁、城际铁路、地铁、高速公路为一体的综合枢纽。经过几年的发展,郑州航空港综合实验区已达到了

---

① 数据来源:《2019年贵州省政府工作报告》。

"五年成规模"的规划目标，2018 年新郑国际机场完成货邮吞吐量 51.5 万吨，比上年增长 2.4%，完成旅客吞吐量 2733.5 万人次，比上年增长 12.5%，为全国客货吞吐量增长最快的大型机场之一；[①] 另一方面，大力推进"一带一路"重要节点建设。郑州市利用立体综合交通枢纽优势，建成功能性口岸最多的内陆城市，2020 年开行的中欧班列已达 1126 班，较上年增长 12.6%，实现连续 6 年高增长。[②]

第三，福建省对口帮扶宁夏扶贫攻坚。根据中央关于东西部扶贫协作部署，1996 年至今，福建省对口帮扶宁夏回族自治区经济社会发展，贯彻习近平总书记当年提出的"优势互补、互惠互利、长期协作、共同发展"的基本思路，建立联席推进、结对帮扶、产业带动、互学互助、社会参与的扶贫协作机制，在探索实践中走过了帮扶输血、产业造血和互利共赢的三个阶段，探索出彰显中国政治和制度优势的东西部扶贫协作的"闽宁模式"。闽宁镇是闽宁合作的一个缩影，见证了双方心连心的区域协作历程。福建省对口支援宁夏回族自治区不仅包括了资金、人才、项目等

---

① 数据来源：《在"世纪地图"上描绘出彩中原》，新华网，http：//m. xinhuanet. com/ha/2019－03/01/c_ 1124181577. htm，2019 年 3 月 1 日。

② 数据来源：《中欧班列（郑州）开行量逆势增长》，《河南日报》2021 年 1 月 6 日。

方面帮扶，还包括了根植当地、传帮带、造血式的产业扶贫。同时，闽宁合作也从产业发展向创业就业、教育医疗等领域延伸，结出了许多硕果。福建人那种"爱拼敢赢"的奋斗精神和开放进取的观念在宁夏这片贫困的土地上生根、传播。此外，闽宁互学互助对口扶贫协作联席会每年轮流主办，从未间断过，在会上确定了一大批帮扶项目，不断完善相关的工作机制。

（三）地方贯彻落实协调发展理念的基本情况

近年来，中国各地高度重视高质量发展，深入贯彻落实新发展理念，已取得了明显的阶段效果。在协调发展方面，中国有些地方出现了一些有益的探索，也有一些成效亮点，值得总结推广。

第一，从各自发展向协同发展转变。近些年来，许多地方主动放弃各自为政的传统发展观念，积极打破行政壁垒，加强与周边省份的协同发展。党的十八大以来，京津冀协同发展、长江经济带发展、粤港澳大湾区建设、长三角区域一体化发展、黄河流域生态保护和高质量发展等区域重大发展战略付诸实施，有力地促进了相关省份区域一体化进程。以京津冀协同发展为例，经过这些年的努力，京津冀三地主动打破行政分割，深入推进交通一体化、生态环境保护、产业升级转移等重点任务，取得较好的实效。京津冀地区的断头路、瓶颈路基本打通，津冀港口实现一体化整合，区域性机场群分工协作机制建立；京津冀地区空气质量明显好转，2020 年京津冀及周边地区 "2 + 26" 城市 PM 2.5平均浓度为 51 微克/立方米，较 2014 年下降 40％以上；[①] 京津冀产业转移势头明显，三地相互投资规模从 2014 年的 1592.5 亿元增长到 2018 年的 4331.2 亿元，五年期间增长了 1.72 倍。[②]

第二，从对口支援向合作共赢转变。长期以来，对口支援是中国东西部扶贫协作的重要形式，取得了许多宝贵的经验。而近期，这种模式又有所创新，出现了双向互动、互利共赢的探索。举个例子，浙江省近些年积极深化 "八八战略"，深入探索省内对口支援升级版——"山海协作工程 2.0"。一方面，浙江省鼓励发达地区对浙西南 26 个县进行产业帮扶，通过政府搭台、企业唱戏的方式促进合作项目落地，扶持发展山区县的生态产业，形成互利共赢的利益共同体；另一方面，浙江省支持山海协作双方在两地互设合作园区，建立规划共编、园区共建、风险共担和利益共享机制。此外，浙江省直有关部门牵头组织实施校际

---

① 数据来源：相关年份的《中国生态环境状况公报》。

② 数据来源：《2018 年天津市国民经济和社会发展统计公报》和《2018 年河北省国民经济和社会发展统计公报》。

结对、医联体建设等合作项目，推动一批优质教育医疗资源向山区县辐射。浙江省"山海协作工程"发展模式不仅带动了浙西南山区走上绿色发展致富的道路，还为沿海地区开辟了经济发展新空间。

第三，从重复建设向统筹布局转变。长期以来，许多地方都曾出现了工业园区"遍地开花"、低效发展的现象。而近几年，有些地方大力探索产业布局协调模式，通过明确定位、优化布局、利益共享等方式逐步解决工业园区数量多、粗放发展以及环境风险较大等问题。例如，湖北省宜昌市积极发展"飞地经济"，已建立了产业共育、基础共建、环保共担和利益共享机制，引导山区县市与沿江地区产业对接、项目对接，使得山区县引进的项目可以落到合作园区，并从中分享产业发展的收益。目前看，这种模式既调动了三峡库区县保护生态环境和发展经济的积极性，又优化调整了全市产业布局，促进区域协调发展。

第四，从城乡分割向城乡融合转变。当前，中国城镇化正从提高水平向提升质量转变，城镇化速度也由加速转向减速，城乡融合发展逐渐取代城乡分割。举个例子，福建省晋江市是一个民营经济比较发达，县域经济实力较强的县级市，但过去却是一个大量乡镇企业杂乱布局、城乡无序发展的地方。近年来，晋江市坚持为民建城的发展理念，不断发展"晋江经验"，统一规划城乡基础设施网络、产业布局、居民点等，扎实实施城乡基本公共服务均等化，推进常住人口同城同待遇，让城里人、农村人享有公平、优质的民生保障，让不同群体实现从"身份剪刀差"到"幸福全覆盖"的转变，2012—2018 年累计吸引外来人口落户超过 3 万人。

（四）当前中国区域协调发展面临的主要问题

第一，地区发展差距仍然较大。中国地区人均 GDP、居民人均收入、人均财政预算支出等一些衡量地区发展的指标虽呈现出不同程度缩小趋势，但绝对差距仍然比较大。由于地区发展差距长期存在，国内外发展环境复杂多变，导致中国区域协调发展的任务异常艰巨、复杂。并且，随着劳动力成本快速上涨和智能技术广泛应用，中西部地区丰富人力资源的比较优势逐渐消失，对东部地区产业转移吸引力明显下降。

第二，欠发达地区市场化水平较低，营商环境较差。除了基础设施相对滞后之外，中国许多欠发达地区的"软环境"仍受到社会较多的"差评"。跟东部发达地区相比，许多欠发达地区的地方政府发展观念封闭，服务意识不强，行政效率偏低，对中小企业尤其是民营企业的重视程度不够，存在一些寻租现象。

加之，产业园区等基础设施设置不合理，产业配套体系不够完善。上述的这些因素从侧面反映了地方营商环境较差，这无疑增加了企业的隐性运营成本，影响了外来企业的投资热情。

第三，污染产业转移破坏了承接地的生态环境。虽然中央三令五申要求地方不得承接污染产业项目，但现实中，中西部有些地方不顾本地实际，巧立名目，承接了一大批高污染、高耗能、高排放的产业项目。由于产业园区环保设施没有跟上，污染企业对局部地区的生态环境产生极大的负面影响，严重阻碍了这些地区今后可持续发展，也有悖于"绿色发展"的理念。

第四，有些地方贯彻落实协调发展理念缺少财力配套。有些地方官员反映，当地经济发展状况本来就不好，地方财政收入勉强只能维持机构的正常运转，但贯彻落实协调发展理念往往需要建设基础设施、公共服务设施等项目，这些项目建设经费除了上级拨付一部分之外，本级财政还要配套一部分，但地方财力吃紧，根本配套不起。还有些地方为了改善农村生态环境，以行政村为单位建设了农村污水处理设施。政府的初衷本来很好，但污水设施建好后却因地方政府缺少运营管护的配套资金而很快就荒废掉了。

第五，地方政府落实区域协调发展力度不足。一方面,有些地方领导干部对协调发展理念存在认识偏差。据调研走访,不少地方领导干部并没有深刻领会协调发展的本质内涵,也没有理解中央对协调发展有关战略部署的意图,于是将协调发展简单理解为缩小地区发展差距或城乡发展差距,或实现基本公共服务均等化;另一方面,有些地方贯彻落实协调发展理念过于僵化,流于形式。有些地方并没有结合本地的实际情况,而是直接照着中央文件制定本地的区域协调发展或城乡融合发展的实施方案,从省到市都存在以文件落实文件的情况。有些地方存在"重文件、轻落实,重规划、缺执行"的问题,协调发展停留于政府的工作报告、发展规划或政策文件,并没有采取实际行动去落实。

第六,区域协调发展存在一些体制机制性障碍。由于体制机制的原因,中国地区间利益协调机制并不完善,地方保护主义依然存在,从而影响了中国建立统一、开放的市场,也不利于生产要素的流动和贸易的开展。由于政绩考核等原因,地方政府在招商引资、园区建设等方面展开激烈的竞争,容易造成低水平重复建设等问题,不仅降低了资源配置效率,也为日后经济发展埋下很大的隐患。另外,中国尚未建立能够支撑协调发展的国家区域治理体系。理论上,协调发展既要解决区域或城乡之间协调不足问题,又要解决特殊困难地区发展问题。这就需要中央建立相应的国家区域治理体系来支撑，才能实现协调发展的目标。目前，京津冀协同发展等区域重大战略是依靠中央领导小组来协调推动落实，但这些领导小组只是临时性的安排，不具有持续性，不利于保障这些战略今后得以长期深入实施。

二 区域协调发展的研究
现状与国际经验

中国区域协调发展研究既要立足基本国情，又要总结国际经验。本章梳理总结了国内外关于区域协调发展相关研究文献，同时也总结了美国、欧盟、日本等发达经济体促进区域协调发展的经验做法，进而得出对中国区域协调发展实践的启示。

（一）区域协调发展的研究现状

总体而言，国内外关于区域协调发展的研究主要集中于区域协调发展的概念、区域协调发展的理论、区域协调发展的评价、区域协调发展机制和区域协调发展政策等。[①]

---

① 姜文仙、覃成林：《区域协调发展研究的进展与方向》，《经济与管理研究》2009 年第 10 期；陈秀山、杨艳：《区域协调发展：回顾与展望》，《西南民族大学学报》（人文社会科学版）2010 年第 1 期；覃成林、姜文仙：《区域协调发展：内涵、动因与机制体系》，《开发研究》2011 年第 1 期。

1. 区域协调发展的概念

区域经济协调发展的主流认识具有三条共识：区域经济协调发展描述的是一种区域之间经济关系的状态；区域之间是开放的、联系的，发展上是关联的、互动的；相关区域的经济发展能够持续或共同发展，相互之间的经济差异趋于缩小。彭荣胜基于系统理论、劳动地域分工理论和区域相互依赖理论，结合中国经济发展的阶段性特征，将区域经济协调发展的内涵定义为：区域之间经济交往日益密切、相互开放、区域分工趋于合理，区域经济整体能保持高效增长，区域经济差距能得到合理适度控制且逐渐变小，区域之间经济发展呈现正向促进、良性互动的状态。[①] 覃成林等认为，有的研究将区域经济协调发展推演到社会、生态等方面，还有的理解为一个区域内部经济、社会等多方面之间的协调，形成了对区域经济协调发展不准确的理解。[②] 他们认为，区域经济协调发展是指在区域开放条件下，区域之间经济相互依赖加深、经济联系日益密切、经济发展上关联互动和正向促进，各区域的经济均持续发展且区域经济差异趋于缩小的过程。

---

① 彭荣胜：《区域经济协调发展内涵的新见解》，《学术交流》2009 年第 3 期。

② 覃成林、姜文仙：《区域协调发展：内涵、动因与机制体系》，《开发研究》2011 年第 1 期。

魏后凯等从科学发展观的角度，认为区域协调发展具有三方面的含义：全面的协调发展、可持续的协调发展和新型的协调机制。① 范恒山、孙久文等按照科学发展观的要求，认为区域协调发展的内涵至少有四个要点：地区间人均生产总值差距保持在适度的范围内；各地区人民能享受到均等化的基本公共服务；各地区比较优势的发挥能够促进区域间优势互补、互利互惠；各地区人与自然的关系处于协调和谐状态。② 徐康宁认为，区域协调发展是指在既定的环境和条件下，各地区的发展机会趋于均等、发展利益区域一致，总体上处于发展同步、利益共享的相对协调状态。③ 国家发展和改革委员会《关于贯彻落实区域发展战略促进区域协调发展的指导意见》（发改地区〔2016〕1771 号）指出，区域协调发展的内涵包括：要素有序自由流动、主体功能约束有效、基本公共服务均等和资源环境可承载。习近平总书记在 2017 年年底的中央经济工作会议上指出，区域协调发展要实现基本公共服务均等化、基础设施通达程度比较均衡和人民生活水平大体相当

---

① 魏后凯：《现代区域经济学（修订版）》，经济管理出版社 2011年版。

② 范恒山、孙久文、陈宣庆等：《中国区域协调发展研究》，商务印书馆 2012 年版。

③ 徐康宁：《区域协调发展的新内涵与新思路》，《江海学刊》2014 年第 2 期。

这三大目标。樊杰等认为，广义的区域协调发展内涵包括四方面内容：一是人均 GDP 在区域差距上缩小；二是区域经济发展要处于各区域自然承载力的阈值以内；三是区域经济发展的比较优势能够显现；四是各个区域间的基本公共服务能够实现均等化。[1] 范柏乃等认为，区域协调发展的内涵应该具有三方面的内容：一是区域协调发展包括区域内部和区域之间生产要素的流动与协调；二是区域协调发展包括地区经济、科技、人力等多方面差距的缩小；三是区域协调发展指的是空间层面、发展能力、发展机会等多方面的协调。[2] 中国社会科学院工业经济研究所区域协调发展课题组以"创新、协调、绿色、开放、共享"五大发展理念为指导，认为区域协调发展是在区域发展差距、区域一体化发展、城乡协调发展、社会协调发展和资源环境协调发展五个方面的综合协调发展。

2. 区域协调发展的理论

国外区域经济理论的形成，从杜能的农业区位理论到克鲁格曼的新经济地理学理论，经历了 100 多年的发展历史。其中，有关区域协调发展的理论主要包

---

① 樊杰、赵艳楠：《面向现代化的中国区域发展格局：科学内涵与战略重点》，《经济地理》2021 年第 1 期。

② 范柏乃、张莹：《区域协调发展的理念认知、驱动机制与政策设计：文献综述》，《兰州学刊》2021 年第 4 期。

括区域经济均衡增长理论、区域经济非均衡增长理论、区域分工与协作理论、区域空间结构理论、资源环境可持续发展理论和公共服务均等化理论，代表性的理论有：纳尔逊的"低水平均衡陷阱"理论、罗丹的"大推进"理论、赫希曼的不平衡增长理论、威廉姆森的倒"U"形理论、缪尔达尔的循环累积因果论、区域经济梯度推移理论、绝对成本优势理论、比较成本优势理论、要素禀赋理论、相似条件下的地域分工理论、增长极模式理论、网络型模式理论、区域经济空间一体化理论、① 宇宙飞船理论、环境库兹涅茨倒"U"曲线理论、绿色发展理论、可持续发展理论、② 罗尔斯公平理论、马克思恩格斯的社会公平理论。③ 发展经济学中的平衡增长理论主要针对发展中存在的问题，如罗丹的"大推进理论"针对发展的瓶颈问题，认为发展中国家或地区应该进行大规模投资来促进高速增长；基于马尔萨斯理论，纳尔逊的"低水平陷阱论"认为，发展中国家存在低水平人均收入反复轮回的均衡；赖宾斯坦的临界最小努力论认为，发展中国

① 范恒山、孙久文、陈宣庆等：《中国区域协调发展研究》，商务印书馆 2012 年版。

② 钟世坚：《区域资源环境与经济协调发展研究——以珠海市为例》，博士学位论文，吉林大学，2013 年。

③ 王波：《城乡基本公共服务均等化的空间经济分析》，博士学位论文，首都经济贸易大学，2016 年。

家应努力使经济大于最小规模的增长刺激，冲破低水平均衡状态；纳克斯的贫困恶性循环论和平衡增长理论认为，平衡增长可以扩大市场容量和形成投资驱动力，摆脱贫困恶性循环；斯特里顿"完善的"平衡增长理论综合了罗丹和纳克斯的理论特点，认为通过投资能最终实现国民经济各部门按适当的比例平衡增长。随着产业集聚和地区之间发展的不平衡现象出现，区域经济非均衡发展理论逐渐形成了，它主要解释了产业的集聚、投资产业的选择以及产业和技术的转移等问题。随着要素的流动和贸易的发展，不同地区或国家之间产生了比较优势，区域分工与协作理论成为解释比较优势和要素禀赋的一类新理论。在区域分工与协作发展到一定程度下，不同产业的布局以及企业的市场与工厂的布局都会发生变化，区域空间结构理论即为解释这种变化的理论。随着经济发展到一定程度，环境资源与经济的协调发展以及不同地区之间的公平性发展成为区域协调发展的研究重点，促使了可持续发展理论、公平理论等新的理论形成。

从区域协调发展理论的研究脉络上来看，产业区位理论是最早的研究对象；其次是针对加速发展中的现实问题进行分析而提出的理论；发展到一定阶段后，当不同区域的发展水平出现大的差距的时候，区域平衡发展理论和区域不平衡发展理论被提出来了。随着数学被运用到经济分析之中，一些学者开始将区域协调发展进行模型化，从而形成了新的区域协调发展理论。区域协调发展的内涵和外延不断被拓展，一些新的区域协调发展前沿理论开始出现，如为了解释经济活动空间区位选择的集聚经济理论、[①] 为了解释异质性企业区位选择的"新"经济地理理论，以及为了解释不同区域发展的依赖路径的演化经济地理学理论、[②] 解释资源环境与经济协调发展的理论和解释区域之间公平发展的理论等。国内的区域经济理论经历了40多年的发展，在区域协调发展方面也形成了一些理论，主要包括：生产力均衡布局理论、区域非均衡发展理论、区域协调发展理论、中国特有的城乡统筹理论等。[③] 随着经济的进一步发展，为了促进区域经济发展的协调性，国内在区域经济协调发展方面提出的最新发展战略有"三大战略 + 四大板块"、城镇化与城市群、精准扶贫等。关于新时代中国区域协调发展，习近平总书记已经发表了许多重要论述。李兰冰认为，中国区域协调发展理论框架包括"区域一体化"一个核心和

[①] 藤田昌久、雅克 – 弗朗西斯·蒂斯：《集聚经济学：城市、产业区位与全球化》，上海格致出版社 2016 年版。

[②] Martina and Sunley, 2014; Arne Isaksen, "Industrial development in thin regions: trapped in path extension?", *Journal of Economic Geography*, 2015, 15 (3): 585 – 600.

[③] 安虎森、肖欢：《我国区域经济理论形成与演进》，《南京社会科学》2015 年第 9 期。

"机制、要素、维度"三大支撑。[①] 随着国内区域协调发展理论不断完善，逐步实现了经济学视角和管理学视角的结合，既关注空间要素、产业要素，也关注人口、环境等综合要素[②]。

3. 区域协调发展的评价

学术界关于区域协调发展的评价主要是使用协调度、协调发展指数等判断指标，通过构建综合性的指标体系来进行评价[③]。评价指标体系的建立是区域协调发展研究的一个热点和难点，一般的研究多集中在经济、社会、人口、资源、环境等几个系统之间协调度的测定。国内学者设置和筛选评价指标的方法主要有理论分析法、频度统计法和指标评价法。其中，理论分析法主要是依靠理论分析的方法综合评价或专家的经验判断来进行评价，能够平衡评价者较大主观性的缺点；频度统计法主要是使用概率分析等方法进行综合评价；指标评价方法主要分为综合指标体系评价和层次性指标体系评价。另外，还有学者研究区域协调

①　李兰冰：《中国区域协调发展的逻辑框架与理论解释》，《经济学动态》2020 年第 1 期。

②　范柏乃、张莹：《区域协调发展的理念认知、驱动机制与政策设计：文献综述》，《兰州学刊》2021 年第 4 期。

③　姜文仙、覃成林：《区域协调发展研究的进展与方向》，《经济与管理研究》2009 年第 10 期。

发展定量评价理论模型，主要有协调度模型、发展度模型和协调发展度模型。从研究的趋势来看，区域协调发展的内涵和外延得到不断拓展，因此评价目标出现了多元化，指标选择也从传统的经济指标向经济、社会、环境等多指标的方向演进。[①] 由于区域协调发展系统是一个复合系统，只要子系统划分的不同，研究结论就会不一样。而且，基于不同的研究视角，对区域协调发展内涵的定义不同，对同一区域的评价结果就会不同。如陈栋生认为，区域发展的协调性应该从地区发展水平、收入水平、公共产品享用水平和区际分工协作的发育水平几个方面来测定。[②] 因此，研究范式的确定是区域协调发展的评价研究需要首先解决的问题。另外，评价指标体系的构建、权重的选择、子系统之间关系的考虑等方面仍是需要进一步改进和完善的领域。如表2-1所示，区域协调发展的评价研究，一般是从不同的维度，选择不同的指标体系和权重，使用不同的方法，对不同地区的协调发展度进行评价。尽管从不同角度，使用不同方法对区域协调发展进行测度的研究很多，但仍不能形成一个全面且科

---

① 孙倩：《国内区域协调发展状况定量评价研究综述》，《技术经济与管理研究》2012年第7期。

② 陈栋生：《论区域协调发展》，《北京社会科学》2005年第2期。

学的评价理论框架和统计模型。[1] 评价的方向逐渐从经济领域向经济、生态、社会等多领域发展。[2]

表 2-1　　　　　　　　　　区域协调发展的评价研究

维度	指标	方法	结果	代表性成果
人口、社会、经济、科技、资源环境	24 个三级指标	层次分析法	不协调或不太协调	江波等（2004）
经济增长、经济结构、公共服务、发展潜力	8 个二级指标和 22 个三级指标	层次分析法	东部地区协调性最高，东北地区协调性下降，中部地区协调性最低	王曙光等（2017）
经济、环境	6 个二级指标和 24 个三级指标	层次分析法	构建了理论分析框架	常阿平等（2009）
状态指标、过程指标	7 个二级指标和 27 个三级指标	层次分析法、专家法	构建了理论分析框架	蔡晓姗等（2012）
资源、经济、环境	9 个二级指标和 21 个三级指标	层次分析法、熵权法	中国资源—经济—环境复合系统协调水平在波动中不断上升，已达到良好协调水平	黄永春等（2018）

---

[1]　庞玉萍、陈玉杰：《区域协调发展内涵及其测度研究进展》，《发展研究》2018 年第 9 期。

[2]　邓宏兵、曹媛媛：《中国区域协调发展的绩效测度》，《区域经济评论》2019 年第 1 期；杨永芳、王秦：《我国生态环境保护与区域经济高质量发展协调性评价》，《工业技术经济》2020 年第 11 期；万媛媛、苏海洋、刘娟：《生态文明建设和经济高质量发展的区域协调评价》，《统计与决策》2020 年第 22 期。

续表

维度	指标	方法	结果	代表性成果
生态、社会、经济	6个二级指标和20个三级指标	熵值法、协调度模型、发展度模型、协调发展指数模型	中国区域协调发展协调性总体改善，生态子系统对可持续发展作用重要，区域生态、经济、社会协调发展水平明显受经济发展水平的影响	马慧敏等（2019）
经济发展、公共服务、基础设施、人民生活、生态环境	14个二级指标和19个三级指标	熵值法、协调发展水平测度模型	中国整体区域协调发展水平总体上升，但位于不协调临界线下方	张超等（2020）

资料来源：作者整理。

4. 区域协调发展机制

姜文仙等认为，区域经济协调发展机制是指主体、目标、客体、工具及程序等协调要素的有机结合，互相联系、作用及制约的原理和方式。① 2005年，《中共中央关于制定国民经济和社会发展第十一个五年计划的建议》就已经提出了实施区域协调发展总体战略需要建立健全的机制，包括市场机制、互助机制、合作机制和扶持机制。中国学者以不同的案例区为研究对

---

① 姜文仙、覃成林：《区域协调发展研究的进展与方向》，《经济与管理研究》2009年第10期。

象，对区域协调发展机制的构建进行了研究，研究的区域范围逐渐突破了行政划分板块。[①] 中央文件虽然提出了区域协调发展的机制内容，但学者们的研究内容并不完全一致，如魏后凯等的研究表明，要促进区域协调发展，需要构建完善协调机制，包括市场机制、补偿机制、扶持机制、合作机制、参与机制和共享机制。[②] 覃成林认为，区域协调发展机制是一个由若干相互联系、制约和促进的机制所构成的体系，包括市场机制、合作机制、空间组织机制、援助机制和治理机制。[③] 王一鸣认为，要促进区域协调发展，增强区域发展的协同性、联动性和整体性，关键在深化改革和体制机制创新。[④] 金碚认为，政策激励和均衡导向相统一是区域协调发展新机制的重要机理。[⑤] 陈耀认为，建立更加有效的区域协调发展新机制，是解决新时代发展不平衡、不充分矛盾的重要举措，在解决区域发展

---

① 胡超美、朱传耿：《中国区域协调发展研究综述》，《学习与实践》2008 年第 10 期。

② 魏后凯：《现代区域经济学（修订版）》，经济管理出版社 2011 年版。

③ 覃成林、姜文仙：《区域协调发展：内涵、动因与机制体系》，《开发研究》2011 年第 1 期。

④ 王一鸣：《实施区域协调发展战略》，《经济日报》2017 年 11 月 16 日。

⑤ 金碚：《以区域协调发展新机制焕发区域发展新动能的重要机理》，《区域经济评论》2019 年第 1 期。

问题中体现中国特有的制度性优势效应。[①] 张可云认为，区域协调发展机制只有处理好政府与市场的关系才能更加有效，需要充分调动地方和企业参与区域协调发展。[②] 范柏乃等认为，区域协调发展的驱动机制是以资源驱动为基础，政策驱动为过程，GDP 转向多维协调度为结果。[③] 张首魁等认为，构建区域协调发展新机制，要进一步创新功能定位，优化政府间关系，加强要素市场与空间载体建设，共建区域间联动平台，形成城乡融合发展机制等。[④] 钱书法等的研究表明，区域协调机制还需要协调好对外开放和对内开放的关系，要以协同发展的方式进行梯度开放。[⑤] 张燕等认为，推动区域协调发展是构建新发展格局的重要抓手。[⑥]

---

① 陈耀：《构建区域协调新机制应充分体现制度优势》，《区域经济评论》2019 年第 1 期。

② 张可云：《区域协调发展新机制的内容与创新方向》，《区域经济评论》2019 年第 1 期。

③ 范柏乃、张莹：《区域协调发展的理念认知、驱动机制与政策设计：文献综述》，《兰州学刊》2021 年第 4 期。

④ 张首魁、赵宇：《中国区域协调发展的演进逻辑与战略趋向》，《东岳论丛》2020 年第 10 期。

⑤ 钱书法、郑子媛、周绍东：《对外开放与对内开放的协同机制研究——以党的十八大以来区域协调发展战略为例》，《现代管理科学》2021 年第 1 期。

⑥ 张燕、公丕萍、徐唯燊：《推动区域协调发展 促进构建新发展格局》，《中国经贸导刊》2021 年第 6 期。

5. 促进区域协调发展的政策思路

为了促进区域协调发展，中国学者更倾向于从政策思路或实现途径去考虑下一步如何缩小区域发展差距、增强区域互动性等问题。范恒山指出，为了加快缩小中国地区差距，促进区域协调发展要做到"五个结合"：要把实施区域发展总体战略与推进形成主体功能区结合起来，把缩小地区发展差距与实现基本公共服务均等化结合起来，把优化发达地区发展与扶持欠发达地区发展结合起来，把深化国内区域合作与扩大对外开放结合起来，把发挥优势、加快开发与节约资源、保护环境结合起来。[①] 姜文仙等总结了不同学者关于促进区域协调发展的对策，主要包括：引导产业转移，促进区域合理分工；消除体制和政策障碍，促进要素合理流动；重新划分经济区域，优化空间结构；借鉴国外经验，发挥规划和法律的作用。[②] 邓仲良等认为，"十四五"时期，要实现经济高质量发展，必须先解决好区域发展"不平衡不充分"的问题，他们认为，构建优势互补的高质量区域经济布局，可以从三方面来实施：一是根据要素集聚规律引导就业实现区

---

① 范恒山：《我国促进区域协调发展的理论与实践》，《经济社会体制比较》2011 年第 6 期。

② 姜文仙、覃成林：《区域协调发展研究的进展与方向》，《经济与管理研究》2009 年第 10 期。

域协调发展；二是根据城市功能分工构建国内生产网络和消费市场，进而增强区域发展的产业链韧性；三是培育增强区域发展的新增长极。① 魏后凯认为，促进区域协调发展，是构建以国内大循环为主体、国内国际双循环相互促进的新发展格局的重要任务之一，其路径主要有四条：一是精准施策，采取多元化发展模式；二是打破分割，强化区域分工和合作；三是形成合力，加快区域一体化进程；四是完善政策，支持特殊类型地区发展。② 而肖金成等认为，"十四五"期间，推动区域现代化发展是一个重点发展方向，可从五个方面来实施：一是以国家重大区域战略引领推动区域经济高质量发展；二是推动老少边穷等特殊类型区加快发展；三是推动城乡融合发展；四是建设现代化都市圈；五是发展壮大区域性中心城市。③

此外，也有一些作者则关注具体政策措施。如，在财税政策方面，王曙光等的研究表明，财税政策对区域经济协调发展正负效应并存，正效应主要是指通过税收、转移支付和财政支出等财税政策工具对区域

① 邓仲良、张可云：《"十四五"时期中国区域发展格局变化趋势及政策展望》，《中共中央党校（国家行政学院）学报》2021 年第 2 期。

② 魏后凯：《促进区域协调发展的路径分析》，《经济日报》2021年 3 月 18 日。

③ 肖金成、申现杰：《中国现代化新征程与"十四五"区域空间发展方向》，《河北经贸大学学报》2021 年第 3 期。

经济协调发展起到积极的促进作用，负效应主要是指财税政策会限制地方经济发展以及加剧地区之间的不平衡发展等。[1] 又如，在公共服务均等化政策方面，王波认为，中国城乡基本公共服务均等化主要应通过在基础教育、基本医疗卫生事业、基本社会保障发展等方面加强对欠发达地区的倾斜投入。[2]

（二）区域协调发展的国际经验

区域发展不平衡的现象普遍存在于世界各国，因而这就使得区域协调发展成为各国政府宏观调控的重要目标之一。许多发达资本主义国家在经济快速发展的时期都面临着区域经济发展差异扩大的问题，如英国、美国、日本等。为了消除区域差异，实现区域均衡或协调发展，各国出台了一系列的区域经济政策。通常而言，国外区域经济政策与实践经历了四个阶段：20世纪20年代至50年代的准备阶段、20世纪60年代至70年代中期的兴起阶段、20世纪70年代末至80年代的调整阶段、20世纪90年代以来的新一轮发展阶段（广东省政府发展研究中心调研组，2013）。

---

[1] 王曙光、金向鑫、周丽俭：《区域经济协调发展财税政策研究的演进与展望》，《哈尔滨商业大学学报》（社会科学版）2017年第6期。

[2] 王波：《城乡基本公共服务均等化的空间经济分析》，博士学位论文，首都经济贸易大学，2016年。

改革开放以来，中国区域发展战略的演变大致可分为三个阶段：向沿海倾斜的非均衡区域发展战略阶段（1979—1991 年）、区域协调发展战略初步形成阶段（1992—1998 年）、区域协调发展战略全面实施阶段（1998 年以来）。① 区域协调发展的国际经验主要包括：（1）有明确的区域开发目标。（2）有区域发展管理机构和完善的区域发展法律法规体系。（3）有优惠的财政税收金融政策支持。（4）有基础设施建设支持计划。（5）有技术创新和产业结构调整、有明确的政策对象。② 具体国别或地区经验概括如下。

1. 美国区域协调发展的经验

美国经济区域不平衡发展是三大区域自然和社会经济结构存在差异所致，主要的区域协调发展措施包括：加大公共投资和财政转移支付来促进落后地区发展，通过产业转移与技术创新相结合来促进区域均衡发展，通过交通基础设施、城乡基本建设和公共服务均等化来缩小区域发展差异，通过构建"大都市区"

① 陈秀山、杨艳：《我国区域发展战略的演变与区域协调发展的目标选择》，《教学与研究》2008 年第 5 期。

② 杭海、张敏新、王超群：《美、日、德三国区域协调发展的经验分析》，《世界经济与政治论坛》2011 年第 1 期；范恒山、孙久文、陈宣庆等：《中国区域协调发展研究》，商务印书馆 2012 年版；袁惊柱：《区域协调发展的研究现状及国外经验启示》，《区域经济评论》2018 年第 2 期。

城镇体系、网络化空间发展模式来促进城乡一体化发展等。①

综合梳理各方面研究成果，美国推动区域协调发展的经验做法主要包括：（1）优惠税制措施。政府对北部发达地区多征税，把增量部分转移支付给发展落后地区，培养其发展能力。（2）政府组建开发区。为了发展落后地区，政府打破行政区划，组建经济开发区，进行区域综合治理。（3）基础设施投资建设。政府以交通运输为重点加速铁路网和公路网等基础设施建设，为区域经济发展逐步均衡化提供了良好的运输条件。（4）引导私人企业投资。利用财政融资手段引导私人企业向落后地区投资，在税收、补贴、信贷等多方面给予政策支持。（5）设立权威的区域管理结构和健全的协调区域发展法律法规体系。如在区域管理机构方面，美国联邦政府涉及区域政策的机构主要有经济分析局和经济发展署，前者主要负责区域划分和区域分析，后者主要负责确定问题区域框架和实施对问题区域的援助。美国政府的扶持重点是阿拉巴契亚地区、田纳西河流域这样问题最严重的连片贫困地区。

---

① 马浩：《国外区域经济非均衡协调发展经验及对山东的启示》，《管理现代化》2013 年第 1 期；韩永文、马庆斌、陈妍等：《我国区域协调发展问题研究》，中国经济出版社 2021 年版；江丽、李琳：《中国区域经济非均衡协调发展对策研究——以美国、日本、德国经验为借鉴》，《北方经济》2021 年第 2 期。

主要方式为选择一些发展水平较高且具有较大发展潜力的地区作为增长中心，进行政策扶持，通过增长中心的发展带动周围腹地的增长，增加贫困人口的就业机会。在法律法规方面，1933 年，美国通过了《田纳西河流域管理局法》，成立了田纳西河流域管理局，由罗斯福总统直接领导，负责田纳西河流域的综合开发，使得田纳西河流域成功摆脱贫困。20 世纪 60 年代，又成立了地区再开发署、经济开发署等区域协调发展管理机构。1965 年，又通过了《阿巴拉契亚区域开发法》，帮助阿巴拉契亚区域脱贫。1993 年，克林顿总统签署了《联邦受援区和受援社区法案》，成为美国第一个系统解决欠发达地区发展问题的法案。（6）引导劳动力转移。落后地区的发展需要引导人力资源的流入，联邦政府通过高科技中心和高等教育投资等手段，不断优化落后地区的人力资本。（7）生态环境保护。在开发和促进落后地区发展的政策中，政府也考虑了对当地生态环境的保护。

2. 欧盟区域协调发展的经验

欧盟虽然不是独立的主权国家，但其制定和实施区域政策的制度基础完善，并通常采取实施区域一体化战略、设立区域共同发展基金、工商共建共管共享推进流域绿色协调发展等政策来缩小成员国地区差距

（韩永文等，2021）。即使是成员国，这些国家也通常建立务实高效区域发展差距调控机制，如，德国曾经采取了很多长期性、稳定预期的政策措施促进区域平衡发展，如制定《联邦空间布局法》《联邦改善区域结构共同任务法》《联邦财政平衡法》等促进区域协调发展的法律法规。

综合各方面研究，欧盟推动成员国及其内部的区域协调发展方面主要采取如下政策措施：（1）制定明确的政策目标和区域发展战略规划。如1994—1999年的"六年规划"、2000—2006年的"七年规划"和2007—2013年的"七年支出计划"。（2）形成了超国家、国家、地方等多个层次的区域协调体系，形成了分层治理的区域政策治理结构。如在超国家层面，有欧盟委员会、欧洲理事会和欧洲议会等重要机构，针对区域协调发展设立权威的区域管理机构；欧盟下设了24个部，其中的第16部为区域政策事务部，主管区域协调发展。而且，在欧盟财政支出预算中，有2/3预算经费用于落实各方面的区域政策。（3）建立健全协调区域发展的法律法规体系。1958年，欧盟签订的《欧洲经济共同体条约》就强调，"缩小存在于各区域间的差距和降低较贫困区域的落后程度，加强各国经济的一致性和保证他们的协调发展"。（4）区域政策金融工具。欧盟为了缩小区域发展差距而设有基金工具和贷款工具两方面的金融工具。其中，基金工具包括结构基金、聚合基金、欧盟团结基金和预备接纳基金，贷款工具主要以欧洲投资银行为主。（5）明确区域政策对象。欧盟将目标区域问题划分了普遍性和特殊性相结合进行治理，使得区域政策目标明确，针对性强，能够产生更好的政策效果[①]。

3. 日本区域协调发展的经验

为了缩小区域发展差距，日本政府曾经根据《国土综合开发法》先后制定实施了五次全面综合开发规划，采取"据点"开发战略和建设"定居圈""技术集成城市"等措施来促进区域经济协调发展。尽管这几次综合开发规划是否取得预期成效仍然受到争议，但其对日本全国国土开发整治的作用却不可忽视。

从既有研究来看，日本中央政策曾经通过法律措施、行政管理措施、财政金融措施、基础设施建设措施、科教事业措施、特色经济措施等优化全国生产力布局与缩小区域发展差距[②]，主要包括：（1）法

[①] 陈瑞莲：《欧盟国家的区域协调发展：经验与启示》，《政治学研究》2006 年第 3 期；袁惊柱：《中国与欧盟区域政策比较分析》，《调研世界》2011 年第 3 期；秦长江：《欧盟促进区域协调发展经验与启示》，《创新科技》2015 年第 6 期。

[②] 范恒山、孙久文、陈宣庆等：《中国区域协调发展研究》，商务印书馆 2012 年版。

律措施。日本通过立法和设立开发规划，为开发落后地区提供了法律保障和方向指导。如在法律方面，出台了《国土综合开发法》《国土利用规划法》《北海道开发法》《东北开发促进法》等。在开发规划方面，设立全国综合开发规划、都道府县综合开发规划、地方综合开发规划和特定地域综合开发规划等不同层次针对性强的规划。（2）行政管理措施。为落后地区设立专门开发管理机构，指导地区开发工作。如，为了促进北海道地区开发，日本在中央政府中设立北海道开发厅，下设北海道开发局。（3）财政金融措施。为落后地区设立专门金融机构，实施税收优惠和贷款优惠政策。（4）基础设施建设。中央和地方政府加大对基础设施建设的投资，为人力资本和资金流入创造条件。（5）科教事业促进发展措施。在落后地区加大教育投资，提高教育津贴，设立国立科研机构。（6）特色经济措施。根据落后地区的资源禀赋情况，制定适合各地经济发展的振兴规划。

（三）国际经验对中国的启示

美国、欧盟和日本历史上曾经采取诸多措施促进区域协调发展，也取得成效和教训。这些宝贵经验对现阶段及未来一个时期中国区域协调发展时间具有重要的启示。主要包括以下两方面。

一方面，在制度安排上，出台系统化的法律法规和设立专门的管理机构来明确区域协调政策实施主体，促进区域协调政策实施的规范性。加强立法，注重长远规划的制定，不断完善区域政策的实施机制。区域协调发展实施不仅要有坚实的法律基础、专门的区域政策工具，还要有严格的区域政策的运行机制。区域协调互动应建立健全专项法律制度，并完善相关领域的法律制度。中央政府要设立专门机构，强化政府干预区域经济发展的能力，促使区域政策主体采用分层治理的结构，形成完备的组织结构，保证区域政策运作的规范性。中央与地方各司其责，发挥政府在区域协调中的重要作用。中央政府实施区域政策时应该协调区域外生发展与区域内生发展关系，强调区域内生发展，培育区域内生发展能力，加快区域内生发展相关立法。

另一方面，针对问题区域构建倾斜的政策体系是促进区域协调发展的关键。在制度建设方面，加强问题区域立法，以制度来保障问题区域发展。在政策工具方面，注重发挥市场的决定性作用，实施大规模的财政转移支付和金融支持，同时，政府也要帮助问题区域改善基础设施条件，提高公共服务能力，培育新的优势产业等。由于导致问题区域的原因很多，政府只有对症下药才能取得预期效果，为此常常要持续使用政策组合拳。

三 区域协调发展评价指标体系与测算结果分析

为了监测中国区域协调发展的变化，准确把握区域协调发展基本情况，本章将在相关理论和政策的基础上，构建一个适合于长期跟踪研究中国区域协调发展的评价指标体系，进而测算和分析了 2012—2020 年中国区域协调发展指数的变化特征。

（一）评价指标体系的构建原则

本报告坚持以习近平新时代中国特色社会主义思想为指导，深入贯彻习近平总书记关于区域协调发展的重要讲话和指示批示精神，坚持区域协调发展目标为导向，充分体现中共中央国务院关于区域协调发展的有关文件精神，精心设计区域协调发展评价指标体系，借此着重分析党的十八大以来中国区域协调发展取得效果。为了确保评价指标体系科学性、合理性，本报告在构建指标体系时遵循以下基本原则：

第一，目标导向性原则。在指标体系构建过程中，本报告充分体现了习近平总书记关于区域协调发展的重要讲话和指示批示精神，深入学习了中共中央国务院关于区域协调发展有关重要文件和会议精神，经过持续研究和修改完善，构建了一个反映中国社会主要矛盾变化、体现高质量发展要求的区域协调发展指数评价指标体系，从而能够聚焦区域协调发展的基本目标。

第二，坚持问题导向性的原则。评价指标体系设计综合考虑了当前影响区域协调发展的突出问题，并着眼于问题的要害之处，适当选择问题的靶向性指标，以便于发挥其对反映突出问题的"风向标"作用。

第三，区域比较的原则。本报告紧扣缩小区域发展差距的实质，在指标体系设计时优先选择那些适合区域间比较的指标，以便于能客观反映各地区发展水平、发展质量、发展能力等方面差距，使得指数结果更直观反映中国区域协调发展效果的变化。

第四，坚持前瞻性的原则。本报告充分利用所选取指标对区域协调发展的跟踪监测作用，从中发现一些趋势性、苗头性的问题、主要矛盾变化、政策实施效果等，以便于及时对当前政策实施的阶段效果进行反馈。此外，指数结果可以为中央有关部门今后调整相关政策提供参考依据。

第五，可操作性的原则。在指标和方法选取时，选取的指标需要具有代表性并且能和可得性相结合，充分考虑指标背后的真实意涵和数据采集难易程度，同时又选择可行、实用的测算方法，确保指数结果能够比较准确地反映不同时期中国区域协调发展的真实变化。

（二）评价指标体系的研究设计

在指标体系的设计过程中，本报告根据区域协调发展的理论基础，紧紧围绕《中共中央　国务院关于建立更加有效的区域协调发展新机制的意见》等重要文件明确提出的区域协调发展基本目标，同时也体现了中央关于把握新发展阶段、贯彻新发展理念、构建新发展格局的基本要求。在综合考虑各方面因素的基础上，本报告围绕区域协调发展三个基本目标和两个基本要求这五个目标层来设计评价指标体系（见图3－1）。

在中国区域协调发展指数评价体系构建中，本报告将人民生活水平差距、基本公共服务均等化、基础设施通达程度、地区比较优势发挥、绿色低碳协同发

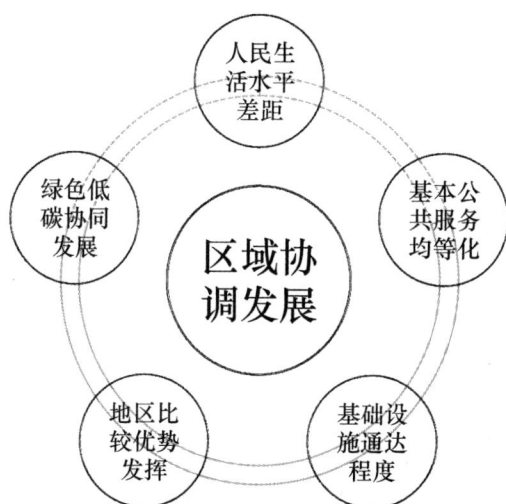

图 3 - 1 区域协调发展指数评价体系构架示意图

展作为 5 个一级指标；为充分反映这 5 个一级指标所代表的重点领域，在每个一级指标下设 4 个二级指标，每个二级指标明确对应了 1 个三级指标，共计 20 个三级指标（见表 3 - 1）。

1. 人民生活水平差距

"人民基本生活保障水平大体相当"是《中共中央国务院关于建立更加有效的区域协调发展新机制的意见》中明确提出的，是新的发展阶段区域协调发展要实现的基本目标之一。本报告在该指标项下设了地区发展水平差距、地区居民收入水平差距、地区居民消费水平差距、城乡居民收入差距 4 个二级指标。这 4 个二级指标既包括发展差距现状，又包括人民生活条件、城乡差距，由表及里，涵盖收入和消费能力。各个指标说明如下所示。（1）区域发展水平差距：利用各地区人均 GDP 的差距，以反映人民生活水平的保障能力；（2）地区居民收入水平差距：利用各地区居民人均可支配收入的差距指标衡量；（3）地区居民消费水平差距：使用各地区居民人均消费水平的差距衡量；（4）城乡居民收入差距：利用城镇居民人均可支配收入与农村居民人均可支配收入之比进行衡量。

2. 基本公共服务均等化

推动区域基本公共服务均等化是《中共中央 国务院关于建立更加有效的区域协调发展新机制的意见》明确的另一项区域协调发展基本目标。为反映目前中国基本公共服务均等化推进情况，本报告选取了地区人均基本公务服务支出差距、地区居民受教育程度差距、地区医疗服务水平差距和地区城乡养老保障差距4个二级指标。具体说明如下。（1）为反映地区人均基本公共服务支出差距，本报告利用各地区人均基本公共服务预算支出的差距来衡量。其中"基本公共服务"选取了教育、医疗、社保就业、文体、城乡社区、住房保障等方面公共服务预算支出数据进行测算。（2）地区居民受教育程度差距：利用各地区6岁及以上接受大学专科及以上学历人口占地区人口比重的差距衡量。（3）地区医疗服务水平差距：利用各地区万人卫生技术人员数的差距来衡量。（4）地区城乡养老保障差距：使用各地区城乡居民基本养老保险参保人数占地区人口的比重衡量。①

3. 基础设施通达程度

补齐基础设施短板，促进基础设施通达均衡程度提高，是加快区域经济发展，形成畅通全国现代交通物流网络，推进国内大循环的硬件条件。《中共中央国务院关于建立更加有效的区域协调发展新机制的意见》也将基础设施通达程度列为区域协调发展的基本目标。为此，本报告设立了4个二级指标来全面反映中国基础设施通达程度，即地区公路发展差距、地区铁路发展差距、地区高效率出行、地区通信基础设施差距。这4个二级指标涉及了公路、铁路、高铁、民航、通信等基础设施，能够反映当前各地区基础设施均衡发展水平。具体指标说明如下：（1）地区公路发展差距：利用各地区一等级和二等级公路里程与地区人口之比的差距来反映。（2）地区铁路发展差距：通过各地区铁路里程与地区人口之比的差距来反映。（3）地区高效率出行：通过各地区开通高铁或民航机

① 城乡养老参保人数包括城乡居民养老保险参保人数和城镇职工养老保障参保人数。

场的地级市数量占比的差距来衡量。（4）地区通信基础设施差距：使用各地区光缆长度与地区人口之比的差距来衡量。

4. 地区比较优势发挥

中国地区差异较大，各地区发展条件迥异，而地区比较优势充分发挥是实现区域协调发展的有效途径。本报告设立了人口分布与经济布局协调程度、劳动力空间配置效率、资本空间配置效率和制造业地区分工水平4个二级指标。具体说明如下。（1）人口分布与经济布局协调程度：通过各地区人口与经济分布的地理集中差异度来体现。（2）劳动力空间配置效率：利用各地区劳动生产率的差异来反映。（3）资本空间配置效率：利用各地区单位资本的产出率差异来度量。（4）制造业地区分工水平：使用各地区制造业结构差异化程度。

5. 绿色低碳协同发展

党的十八大以来，中国深入贯彻生态优先、绿色发展的理念，大力推动生态环境区域协同治理。为了反映这种变化，本报告设置了能源消耗、碳排放、水污染治理、大气污染治理4个二级指标。（1）能源排放强度：利用单位GDP的能源消耗量来度量。（2）碳排放强度：利用单位 GDP 的二氧化碳排放量来衡量。（3）重点流域水环境协同治理：选取了 Ⅰ—Ⅲ 类水质断面占长江流域监测的水质断面比重从侧面反映中国水环境区域协同治理的成效。（4）地区大气污染协同治理：利用直辖市和各地区省会城市 PM 2.5 年平均浓度的差距来反映。

表 3-1　　　　　　　　中国区域协调发展指数评价指标体系

一级指标	二级指标	序号	三级指标	权重
人民生活水平差距	地区发展水平差距	A1	各地区人均 GDP 的差距（变异系数）	5
	地区居民收入水平差距	A2	各地区居民人均可支配收入的差距（变异系数）	5
	地区居民消费水平差距	A3	各地区居民人均消费支出的差距（变异系数）	5
	城乡居民收入差距	A4	全国城镇居民人均可支配收入与农村居民人均可支配收入之比	5
基本公共服务均等化	地区人均基本公共服务支出差距	B1	各地区人均基本公共服务预算支出的差距（变异系数）[1]	5
	地区居民受教育程度差距	B2	各地区 6 岁及以上接受大学专科及以上学历人口占地区人口比重的差距（变异系数）	5
	地区医疗服务水平差距	B3	各地区万人口卫生技术人员数（人）的差距（变异系数）	5
	地区城乡养老保障差距	B4	各地区城乡基本养老保险参保人数占地区人口比重的差距（变异系数）[2]	5

续表

一级指标	二级指标	序号	三级指标	权重
基础设施通达程度	地区公路发展差距	C1	各地区一、二等级公路里程与地区人口之比的差距（变异系数）	5
	地区铁路发展差距	C2	各地区铁路里程与地区人口之比的差距（变异系数）	5
	地区高效率出行	C3	各地区开通高铁或民航机场的地级及以上城市数占比的差距（变异系数）	5
	地区通信基础设施差距	C4	各地区光缆线路长度与地区人口之比的差距（变异系数）	5
地区比较优势发挥	人口分布与经济布局协调程度	D1	各地区人口与经济分布的地理集中差异度[3]	5
	劳动力空间配置效率	D2	各地区劳动生产率的差异（标准差）	5
	资本空间配置效率	D3	各地区单位资本产出率的差异（标准差）	5
	制造业地区分工水平	D4	各地区间制造业结构差异化程度[4]	5
绿色低碳协同发展	能源排放强度	E1	单位 GDP 的能源消耗量（吨标准煤/万元）	5
	碳排放强度	E2	单位 GDP 的二氧化碳排放量（吨/万元）	5
	重点流域水环境协同治理	E3	Ⅰ—Ⅲ类水质断面占长江流域监测的水质断面的比重（%）	5
	地区大气污染协同治理	E4	直辖市和各地区省会城市 PM 2.5年平均浓度的差距（变异系数）	5

注：

[1] 统计口径为教育、医疗、社保就业、文体、城乡社区、住房保障等方面公共服务预算支出。

[2] 统计口径为城乡居民养老保险参保人数和城镇职工养老保险参保人数。

［3］计算公式为：$\sum\limits_{i=1}^{n}\left|\dfrac{Pop_i}{Pop}-\dfrac{Gdp_i}{Gdp}\right|$，$Pop_i$ 表示 i 地区某年人口规模，Pop 表示全国某年总人口；Gdp_i 表示 i 地区某年生产总值，Gdp 表示某年国内生产总值；n 为 31 个省（市、区）。

［4］计算公式为：$\sum\left|\dfrac{m_{ij}}{M_i}-\dfrac{m_{kj}}{M_k}\right|$，$M_i$、$M_k$ 分别表示 i 地区和 k 地区某年制造业产出规模；m_{ij}、m_{kj} 分别表示 i 地区和 k 地区制造业第 j 行业某年的产出规模。

（三）评价指标体系的测算方法

中国区域协调发展指数评价指标体系是以 2012 年的指标值为基数，通过时序变化观察中国区域协调发展及其不同方面的阶段效果。为了使这项工作可持续和指数结果前后可比较，如下重点介绍指数权重确定、标准化处理、指数合成的方法。

1. 权重确定

本指标体系是以全国或各省（市、区）2012 年的指标值为基数，通过时序变化观察区域人民生活水平差距、基本公共服务均等化、基础设施通达程度、地区比较优势发挥和绿色低碳协同发展五个方面发展的指标值和综合指标值的变动趋势。

对指标体系中的一级指标采取了均等权重的赋值方式，每个一级指标为 20 分。同样采取均等权重方法赋予每个三级指标相同的权重，每个指标权重均为 5 分。

2. 标准化处理

为了保证各个指标层的可加性，首先对各个指标值进行标准化去量纲处理。

本研究的目的是分析中国区域协调发展随着时间推移的纵向变化趋势，为此，综合比较了几种方法后，决定以2012年为基期进行标准化处理。

处理方法如下：y_t为某指标的测算值，y_{2012}为某指标2012年的测算值，p_t为标准化后的指标值。

正向指标标准化处理：

$$P_t = \frac{y_t}{y_{2012}}$$

逆向指标标准化处理：

$$P_t = \frac{1}{\left(\dfrac{y_t}{y_{2012}}\right)}$$

（$t = 2012$，…，2020）。

3. 指标合成

这里使用指数加权法进行综合评价得出各级指标的指数值。

指数加权分析法的基本公式为：

综合指数 $S = \sum P_i \times W_i \times 100$

其中，P_i 是经过无量纲化处理后得到的测评值，该值乘以相应的权重 W_i 可得到一个分指标的分值，W_i 为第 i 个分指标的权重值；分别计算出各项分指标的分值后再进行加总进而得到各级指标的综合指数。

4. 数据说明

本研究指标体系测算所使用数据均为中央有关部门和各省（市、区）统计局公开发布的权威数据，数据涵盖 2012—2020 年。主要数据来源为历年《中国统计年鉴》《中国环境统计年鉴》《中国交通统计年鉴》《中国工业统计年鉴》《中国人口统计年鉴》以及国家统计局、民政部、生态环境部等官方发布的统计公报及其他相关数据。另外，由于数据缺失，在计算能源消耗和碳排放这两个指标时不包含西藏自治区数据。其中，2020 年数据来自《中国统计摘要 2021》和《第七次全国人口普查公报》。地区生产总值、财政预算支出等指标数据均经过不变价处理。

（四）区域协调发展指数结果分析

测算结果表明，2012—2020 年中国区域协调发展指数呈现持续上升的势头（见图 3 - 2），"十三五"区域协调发展指数上升幅度较大，2020 年指数值达到 118.59。如图 3 - 3 所示，基础设施通达程度和基本公

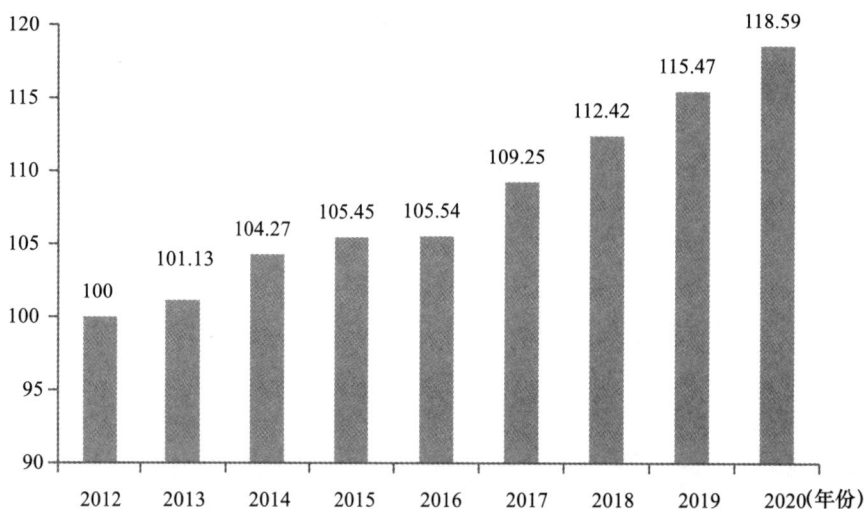

图 3 - 2　2012—2020 年中国区域协调发展指数变化趋势

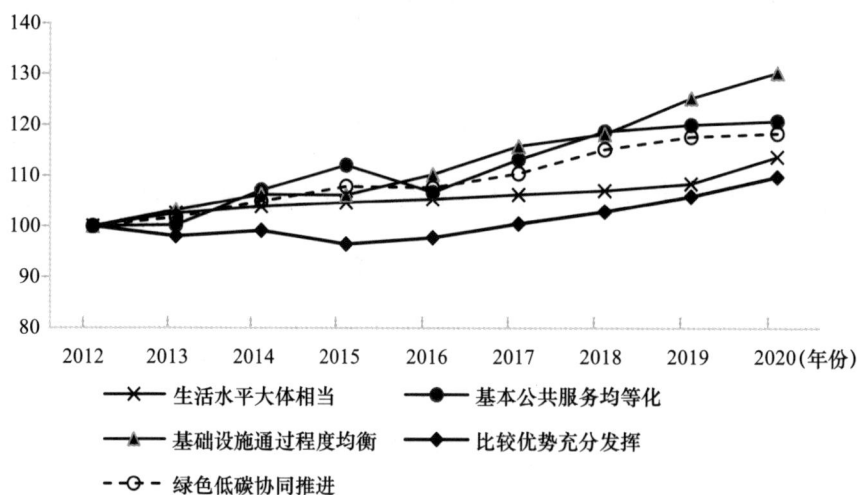

图 3 - 3　2012—2020 年中国区域协调发展二级指数值变化趋势

共服务均等化是推动区域协调发展的主要力量，这两个方面指数值分别为130.27、120.77，比2012年分别提高了30.27、20.77个百分点，人民生活水平差距、地区比较优势发挥和绿色低碳协同发展也取得明显进展，这三个方面指数值分别为 113.74、109.80 和 118.36，较"十二五"末均有不同程度提高。

为更好地理解中国区域协调发展指数的变化情况，这一节将具体分析区域协调发展不同方面变化。通过分析观察区域协调发展各维度的进展情况，不仅可以摸清区域协调发展的阶段成效和问题，还可以确定区域协调发展未来要着力的重点方向。

1. 人民生活水平地区差距逐步缩小

"十三五"时期中国人民生活水平地区差距逐渐缩小，2020 年指数值为 113.74，该指标变化具有稳中有进、稳中有升的特点。在经济发展水平和居民收入水平方面，各地区人均 GDP 差距在 2012—2020 年间呈现出先上升后缓慢下降的趋势，2020 年各地区人均 GDP 变异系数值虽然较 2016 年下降了 4.46%，但其数值较大，这表明了中国地区发展绝对差距仍然很大，遏制地区发展差距持续扩大还要有定力。在居民可支配收入方面，党的十八大以来各地区居民人均可支配收入差距的变异系数值表现出缓慢下降的积极变化趋势，直接反映了中国区域协调发展所取得的显著成效。在消费水平方面，2012 年以来各地区人均消费水平差距缩小趋势比较明显，2020 年各地区人均消费支出的变异系数值比 2016 年下降了 14.50%，这意味着随着居民收入水平提高，各地区消费潜力更加充分释放出来。在城乡居民收入方面，按现价计算，党的十八大以来中国城乡居民人均可支配收入的比率从 2016 年 3.10：1 缩小到 2020 年的 2.56：1。

2. 基本公共服务均等化取得进步

党的十八大以来中国坚持以人民为中心，持续大力推进基本公共服务区域均等化，取得明显的成效。2020 年基本公共服务均等化的指数值为 120.77，呈现平稳上升的态势。在人均基本公共服务支出方面，各地区人均基本公共服务预算支出的差距经历了先上升后下降的过程，"十三五"国家基本公共服务清单制定实施，各地区基本公共服务供给更加明确、规范，2020 年各地区人均基本公共服务预算支出的变异系数值比 2016 年下降了 20.94%，这种趋势显示了各地区人均基本公共服务均等化取得了较大的成效。在居民受教育程度方面，随着中国高等教育从大众化进入到普及化阶段，各地区 6 岁及以上接受大专及以上学历人口占地区人口比重的差距逐渐变小，2020 年这个指标的变异系数值比 2012 年下降了 11.70%，各地区人口素质的相对差距明显缩小。在医疗服务水平方面，各地区万人口卫生技术人员数的差距呈现先缩小然后略有扩大的趋势。在城乡养老保障方面，随着中国社会保障体系健全完善，各地区城乡居民养老保险覆盖面较大差距的情况已发生改观，2012—2020 年该指标的变异系数值下降了 29.39%，侧面反映了各地区城乡居民养老保险参保人数占比比较接近。

3. 基础设施通达程度日趋均衡

"十三五"是各地区基础设施通达程度进步较快的时期，2020 年基础设施通达程度指数为 130.27。在公路方面，2012—2020 年间各地区人均一、二等级公路里程数的差异有所扩大，但贵州、陕西、湖北、湖南等中西部省份基本实现"县县通高速"，中西部地区出行便利化水平整体得到提高。在铁路方面，各地区人均铁路里程数的差异明显缩小，随着中国铁路网络日益发达，2020 年这个指标的变异系数值比 2012 年下降了 7.02%。在高效率出行方面，随着中国高铁、民航等现代快速交通网络日益完善，各地区高铁站点或民航机场分布密度逐步提高，各地区高效率出行的差距明显缩小，2012—2020 年该指标的变异系数值下降了 54.92%，这表明了地级及以上城市快速出行能力全面、大幅提高。在通信基础设施方面，各地区人均光缆线路长度的差距显著缩小，2020 年该指标的变异系数值比 2012 年下降了 14.89%，从而有力保障了各地区邮电通信、互联网与数字经济的发展。

4. 地区比较优势更加充分发挥

党的十八大以来中国充分发挥各地区比较优势，优化产业分工布局，推动区域一体化水平加速提高，取得初步成效，2020 年地区比较优势发挥的指数值为106.42。在人口分布与经济布局协调方面，2020 年中国跨省流动人口规模约为 1.25 亿人，占总人口的8.65%，但 2012—2020 年人口与经济分布匹配程度呈现倒"U"形的变化趋势，"十四五"时期地区人口分布与经济布局协调程度有所改善。在要素流动方面，随着要素市场化改革加快推进，各地区间劳动力流动更加充分、有序，劳动力空间配置效率显著提高，2020 年这个指标的标准差值较 2012 年下降了26.20%，而同期资本空间配置效率地区差距仍然较大，效率改善很小。在制造业地区分工方面，随着产业结构调整和过剩产能治理取得成效，2020 年制造业地区分工指数较 2012 年上升了 3.95%，从侧面反映了中国各地区制造业正在朝着差异化方向发展。

5. 绿色低碳协同发展成效显现

"十三五"时期中国生态文明建设取得较大进展，各地区生态环境协同保护与治理效果开始显现，2020

年绿色低碳协同发展的指数值为118.36。在能源利用方面，在中央和各地的合力推动下，中国能源强度呈现明显下降的趋势，按照2010年可比价计算，2020年单位GDP的能源消耗量比2012年下降了34.35%。在碳排放方面，2012—2020年中国碳排放强度呈现了剧烈波动的变化趋势，这个变化趋势有望在未来一段时间延续下去。在重点流域协同治理方面，长江、黄河、珠江等重点流域水质继续改善，长江流域监测点Ⅰ—Ⅲ类水质占比超过88%，保持较高的水平。在大气污染防治方面，"十三五"期间绝大多数省会城市优良天数显著增多，空气质量明显好转，细颗粒物（PM2.5）年均浓度呈现下降的趋势，2020年直辖市和省会城市间PM2.5年均浓度的变异系数值比2012年下降17.05%，城市间空气质量差距有所缩小。

总之，"十三五"时期中国区域协调发展取得显著、积极的成效，基本公共服务均等化、基础设施通达程度比较均衡、人民基本生活保障水平大体相当于三个区域协调发展的基本目标都取得了不同程度的进展，地区比较优势更加充分发挥，区域发展相对差距有所缩小，绿色低碳协同发展取得成效，但也应该看到区域发展绝对差距仍然较大，资本要素流动还不够充分，基本公共服务均等化存在不同民生领域不同步发展等问题。为此，"十四五"及未来一个时期，中国区域协调发展要坚持目标导向和问题导向相结合，继续深化体制机制改革，持续完善区域协调发展机制，加快推动形成优势互补、高质量发展的区域经济布局，努力为全面建设社会主义现代化国家创造有利的条件。

四　中国深入实施区域重大战略的专题研究

党的十八大以来，为深入促进区域协调发展，中央先后实施了京津冀协同发展、长江经济带发展、粤港澳大湾区建设、长三角区域一体化、黄河流域生态保护和高质量发展等区域重大战略。经过这些年的努力，这些战略目前已经取得了明显的阶段成效，有效推动有关地区高效融合发展，使这些重点区域形成高质发展的重要动力源。本章是这些年关于京津冀协同发展、长江经济带发展、粤港澳大湾区建设等区域重大战略专题研究成果。

（一）京津冀协同发展的新形势新思路

2014 年以来，在中央的协调领导下，京津冀协同发展取得了明显的阶段效果和宝贵经验，得到社会普遍认可。"十四五"是中国开启全面建设社会主义现代化国家的第一个五年，也是京津冀协同发展需要爬坡过坎的关键五年。在今后的五年，京津冀协同发展面临新形势新任务，京津冀三地要在巩固好此前来之不易的成果的基础上继续推动一些比较难啃的领域取得新的突破。

1. 京津冀协同发展的重要进展

经过多年来的各方面努力，京津冀三地在交通一体化、产业转移升级、生态环境协同治理等重点领域率先实现突破，产生了明显的实效，同时在协同创新、公共服务共建共享、体制机制创新等方面也取得较大的进展。概括起来，主要包括以下方面。

第一，北京非首都功能疏解取得较大进展。2014年以来，北京市按照中央统一部署制定了非首都功能疏解配套政策，采取了有力措施自上而下实施疏解整治促提升专项行动，取得较好的效果。据统计，2015—2019年北京市累计退出一般制造业企业4388家，疏解或提升各类市场和物流中心1209个，2019年拆违、腾退土地5706公顷、还绿1686公顷；到2020年，北京市一般制造业企业集中退出和区域性批发市场疏解任务已经基本完成。[①] 随着疏解力度加大，北京

---

① 数据来源：相关年份《北京市政府工作报告》。

市常住人口规模保持连续三年净减少，2017—2019 年累计减少人口 19.3 万人。[①] 同时，北京城市副中心行政办公区一期工程已经完成并交付使用，天坛医院、北京友谊医院通州新院区、中国人民大学通州校区、中央民族大学丰台校区等优质教育医疗资源向外疏解。北京市通州区与河北省廊坊市"北三县"融合发展全面提速，一批合作项目已启动建设。

第二，雄安新区进入大规模城市建设阶段。在中央的统一领导下，河北省邀请全球顶尖城市规划设计机构参与完成了雄安新区城市规划设计和编制，形成了相对完整的规划体系和政策体系。目前，容东片区进入全面施工建设阶段。相关征迁工作同步推进，已先后实施了三批征迁安置，累计征收土地 10 万亩以上。京雄城际 2020 年年底全线开通，京雄高速建设进入冲刺阶段，雄忻高铁即将开工建设，雄商高铁、津石高速等项目前期工作正在加速推进。北京市援建雄安新区"三校一院"也即将投入使用，中关村科技园雄安分园已吸引一批企业落户。随着"千年秀林"工程和白洋淀生态综合治理的持续推进，雄安新区"蓝绿交织、水城共融"景象即将呈现。

第三，产业转移协作多点开花。据统计，京津冀

---

① 数据来源：相关年份《北京统计年鉴》和《北京市 2019 年国民经济和社会发展统计公报》。

三地相互投资规模从 2014 年的 1592.5 亿元增长到 2018 年的 4331.2 亿元，五年期间增长了 1.72 倍；同时，北京对津、冀投资占三地相互投资总额的 77.74%。2020 年，天津市吸引北京地区投资 1262.27 亿元，占全市引进内资的 43.1%，天津滨海—中关村科技园累计新增注册企业 2109 家。① 经过京津冀三地政府积极对接，天津滨海—中关村科技园、北京现代沧州工厂、河北新发地物流园、保定中关村科技创新中心等一批具有标志性、示范性的重大合作产业项目已经产生集聚效应。在这轮产业转移协作中，以中关村发展集团、华夏幸福基业股份公司为代表的产业运营商异军突起，通过托管或独立开发的产业园区成为北京产业转移的重要市场力量。

第四，交通一体化全面加速。在轨道交通方面，京张高铁、京雄城际、北京大兴国际机场等重点工程已经建成投入运营，极大地提升了张家口、廊坊等环首都地区的区位优势。在民航方面，随着北京大兴国际机场投入使用，京津冀机场群分工协作体系逐步形成。在公路方面，京津冀瓶颈路和断头路基本实现全部打通，京津冀发达的高速公路网已经形成。在港口方面，由天津和河北共同出资成立的"渤海津冀港口投资发展公司"成为整合津冀港口群的市场主体，不

---

① 数据来源：《2020 年天津市国民经济和社会发展统计公报》。

同港口的功能适度分工和联动发展正在形成，恶性竞争状况基本结束。

第五，大气污染防治效果明显。在中央的统一领导下，京津冀三地合力治理大气污染，使得京津冀地区大气质量明显好转。2019 年，京津冀及周边地区"2+26"城市的空气质量明显改善，平均优良天数比例达到 63.5%，比去年上升了 10.4 个百分点，PM2.5 平均浓度为 51 微克/立方米，较去年下降 10.5%。2020 年，北京市 PM2.5 平均浓度为 38 微克/立方米，较去年下降 9.5%；天津市 PM2.5 平均浓度为 48 微克/立方米，比去年略有下降；河北省 PM2.5 平均浓度降至 44.8 微克/立方米，比去年下降 10.8%，为近年来最好的水平。[①]

第六，京津优质公共服务外溢效应逐渐显现。在优质医疗资源方面，京津冀三地试点医疗机构建立临床检验结果互认和医学影像检查资料共享机制，北京儿童医院托管保定儿童医院等一批医疗合作项目已经落地。在优质教育资源方面，北京市与雄安新区、保定、廊坊"北三县"等周边地区开展中小学共建、教师培训交流、设立分校等合作。在养老服务方面，河北省环京津的县（市、区）布局建设了一批面向京津

---

① 数据来源：京津冀三地 2020 年政府工作报告和生态环境部发布的生态环境质量报告。

的养老基地。

第七，组织保障能力增强。为了解决跨省市协调问题，中央成立了京津冀协同发展领导小组，领导小组组长由分管工作的中央领导同志担任，领导小组办公室挂靠在国家发展改革委，具体工作由国家发展改革委地区经济司负责。2014—2019年间，京津冀协同发展领导小组按照中央有关部署，制定了《京津冀协同发展规划纲要》《河北雄安新区规划纲要》等重要规划，出台了一系列重要政策文件。相应地，京津冀三地各级政府都相应成立了京津冀协同发展领导小组及其办公室，以便于贯彻落实京津冀协同发展战略。

在过去的七年，京津冀协同发展从顶层设计走向实践操作，虽然历经的时间不长，但实际效果却是比较明显的。这些阶段成效是在以习近平同志为核心的党中央坚强领导下实现的，是来之不易的，也为中国区域协调发展积累了一些宝贵的经验。主要是：第一，坚持党领导京津冀协同发展。七年来的实践表明，京津冀协同发展之所以能够取得如此显著的成效，关键在于坚持以习近平同志为核心的党中央的正确领导，充分发挥我们国家的政治优势和制度优势，强化各级党委和政府的责任。第二，坚持新发展理念引领京津冀协同发展。2016年，新发展理念首次写入了国家"十三五"规划纲要，与后来党中央提出的"高质量发展"一脉相承，贯穿于《京津冀协同发展规划纲要》全文。新发展理念的提出和实施进一步引领京津冀协同发展走向宽阔光明的发展道路。第三，坚持遵循规律推动京津冀协同发展。抓住北京非首都功能疏解这一牛鼻子推动京津冀协同发展，这是以习近平同志为核心的党中央遵循城市发展规律，统筹"一核两翼"功能和布局，稳妥解决北京"大城市病"问题的重大举措。另外，以习近平同志为核心的党中央看到区域一体化发展的基本趋势和城市群发展的基本规律，提出了京津冀区域加快建成世界级城市群的宏伟构想。第四，坚持战略定力推进京津冀协同发展。推动京津冀协同发展不宜一蹴而就，需要"一张蓝图干到底"，需要耐心和定力。党中央国务院对京津冀协同发展作了比较长远的战略部署，对每个阶段的重点任务也有清晰、周全的安排，确保这项长期性的工作"一茬接着一茬"有人干。

2. "十四五"京津冀协同发展面临的形势和困难

"十四五"将是京津冀协同发展比较关键的五年，又是国内外发展环境变化较大的时期。京津冀三地要积极应对各种重大风险挑战，同时也要把握好一些重大机遇。

第一，世界百年未有之大变局将给京津冀协同发展带来错综复杂的外部环境。当前，世界经济政治格局正处于新旧体系缓慢更替的阶段，大国之间各种利益关系相互博弈、纠缠嬗变，中美经贸摩擦跌宕起伏，新冠肺炎疫情还在全球肆虐蔓延，"逆全球化"思潮风起云涌，5G、人工智能等新技术正在加速商业化应用。这些因素相互交织，复杂多变，给京津冀协同发展带来更多的变数。

第二，中华民族伟大复兴战略全局将为京津冀协同发展提供重要的战略指引。"十四五"是中国在全面建成小康社会的基础上朝着第二个百年目标奋斗的第一个五年，是在危局中开好局的关键五年。党的十九届五中全会对新时期京津冀协同发展提出新的要求，打造创新平台和新增长极。并且，"十四五"时期是京津冀协同发展战略承上启下的关键阶段，不仅要巩固前期来之不易的成果，又要力争为圆满完成2030年的远期规划目标而打下坚实基础。

第三，以国内大循环为主体、国内国际双循环相互促进的新发展格局将为京津冀协同发展创造有利的现实条件。"十四五"时期中国将继续深化供给侧结构性改革，深入推进高质量发展，大力实施扩大内需战略，积极推进产业链供应链重新布局和战略调整，形成自主可控、相对完整、具有国际竞争优势的现代产业体系。京津冀三地有望在这次战略布局调整中加快推进基础设施一体化、生态环境治理、区域协同创新等重点任务，着力解决一些长期想解决却没有解决好的老大难问题，并加快向现代化的世界级城市群迈进。

"十四五"时期，在面对国内外形势变化的同时，京津冀协同发展还存在着一些值得高度重视的困难，主要包括：一是继续推进北京非首都功能疏解需要克服更多的困难。一方面，北京市这些年疏解整治促提升专项行动积累了一些社会矛盾，遇到来自基层民众的阻力越来越大；另一方面，限于行政隶属关系，中央和国家机关下属服务机构和企业总部向外疏解的实施难度较大。二是北京城市副中心高端产业集聚能力不足。由于相关服务配套不到位，北京城市副中心短时间内还难以吸引城六区高端要素和业态转移。三是雄安新区开发建设的资金尚未得到有效解决。在不依靠土地财政的情况下，雄安新区开发建设中的资金需求量很大，但现在城市投融资模式不够清晰，社会资本参与度并不高，中央专项资金毕竟有限，地方政府财政压力比较大。四是大气污染治理效果巩固提升面临较大困难。目前，京津冀三地大气污染治理效果虽然显现，但每年仍然有一段时间会频繁遇到中重度雾霾天气或沙尘天气。五是京津冀产业向外转移势头明显下降。经过七年来的疏解，北京市一般制造业向外转移基本结束。六是公共服务共建共享面临比较多的体制机制障碍。京津冀基本公共服务不仅存在明显的发展水平差距，还存在政策、标准、监管体制、福利待遇等方面的差异和障碍，从而导致了北京优质服务资源难以向近距离京外周边地区辐射扩散，京津冀三地人才流动和产业转移也因此遇到较大的阻力。

3."十四五"京津冀协同发展的主要思路

随着国内外环境变化，"十四五"京津冀协同发展继续推进需要有一些新的思路和举措，才能完成既定的规划任务和目标，也才能真正打破行政区划分割，促进京津冀三地功能优化、产业转移协作和要素自由顺畅流动。具体而言，主要包括以下思路。

第一，推动北京非首都功能疏解纵深推进。"十四五"时期，北京非首都功能疏解的重点是启动中央部分行政性、事业性服务单位和企业总部向外转移，同时在京外设立若干个协同发展的"微中心"，带动北京中心城区非紧密性的行政功能、服务业态和创新资源向外疏解。为了发挥好北京非首都功能疏解集中承载地的作用，雄安新区在城市建设过程中更应该精心设计、高标准打造国际一流的城市品质，建设高水平的创新体系，营造创新创业创造的优质环境，引进一批国际化的创新人才，培养一批具有引领优势的创新型企业。相应地，北京城市副中心要从城市建设转向发展产业，制定差别化、力度大的政策，以吸引北京中心城区高端要素和现代服务业转移集聚。

第二，推动区域交通一体化的新拓展。"十四五"是京津冀区域城际铁路大规模建设的时期。京唐、京雄等城际铁路将建成通车，京石等城际铁路有望开工建设。京津冀13个主要城市之间的城际铁路网今后五年将加快联通结网，实现直达或减少换乘中转次数的"城城通"，在京津、京雄、京保石、京唐、京张、京承等重要线路实现公交化通行。雄安新区综合交通枢纽正在加紧建设，争取"十四五"进入运营后有望缓解大量通过北京过境中转客流。不仅如此，北京大兴国际机场顺利通航，将有利于雄安新区加快建设国际门户城市。

第三，培育一批世界级产业集群。"十四五"时期京津冀产业转移协作将转向发展高水平产业链供应链阶段，电子信息、信息服务、高端装备制造、新能源汽车等产业要实现产业链跨地布局，钢铁、汽车、船舶、医药、化工等产业要实现基地化集中布局，金融服务、现代物流、健康服务等产业要向不同层次、差异化定位的城市功能区集聚。在产业发展方面，经过前几年的存量调整之后，"十四五"将进入"优存量、强增量、谋储量"的阶段，13个主要城市不论规模大小、行政等级都要着手培育一些具有国际竞争优势的"立市产业"和领军型的优势企业。

第四，实施立体化生态环境综合治理。"十四五"京津冀三地要深入推进生态环境治理向纵深领域拓展，在大气污染治理和白洋淀生态综合治理的基础上进一步延伸至土壤污染、地下水超采和农业农村的污染治理，但不宜分而治之，而应该从地上、地面到地下进行整体、系统性治理，形成立体化的综合治理体系。为了确保这项任务顺利实施，体制机制创新和制度建设将是京津冀生态协同治理的重要保障，未来要重点围绕跨境河流、水源保护、生态功能区建设等方面引入市场主体参与生态环境治理，逐步探索建立市场化、多层次、高标准的生态补偿机制。

第五，建立开放的区域协同创新体系。目前，京津冀协同创新仍处于项目对接的阶段，今后随着社会进步和技术手段升级，京津冀社会化、市场化、信息化的创新网络建设有望成为"十四五"区域协同创新建设的重点，创新合作形式也将从目前常见的委托研究或技术转让逐渐向伙伴式创新和技术投资转变，市场力量将成为区域协同创新的主角。与该趋势相适应的是，无接触式交流越来越多地成为区域协同创新的交流方式，网上洽谈对接项目、网上协同研发、创新虚拟社区等工作方式将在一定程度上解决科技创新人才不愿出京发展的难题。

第六，构建"智能+"优质公共服务体系。"十三五"京津冀优质公共服务已经开始探索建立远程教学、远程会诊等"互联网+"模式，"十四五"京津冀三地优质公共服务共建共享将进一步加快，从"互联网+"向"智能+"转换升级，并随着5G技术的大规模商业化应用而全面推开，覆盖面更大，更能将优质公共服务的供需精准匹配起来。例如，张家口的农村小学生可以通过特定的APP轻松地分享到北京市同类地区优质学校同步课程教学，这样的远程教学让这些京外的孩子能够更加精准找到适合自己的课堂。

第七，以"两重一新"为抓手推进京津冀世界级城市群建设。一方面，京津冀三地要加快推进县城补短板强弱项工作，发展一批宜居宜业的中小城市，提高超大、特大和大城市的城镇化质量和承载力，推进5个左右都市圈率先建设，形成人口分布合理、都市圈带动、大中小城市协调发展的新格局；另一方面，实施一批"卡脖子"的水利等重大项目建设，建设一些互联互通的水利工程，将区域内的水利枢纽和调水干渠打通，增强区域内部水资源调配能力。此外，京津冀三地还要深入部署建设一批新型基础设施，壮大发展区域新动能，着力为数字化、网络化、智能化的现代社会提供有力支撑。

第八，探索高标准的区域协同发展体制。如果没有大破大立，就没有高水平的协同发展。"十四五"京津冀协同发展体制建设的任务是，加强区域协同发展体制创新的顶层设计，建立高标准的区域协同发展体制，促进干部跨地交流任职、挂职成为常态化、机制性的制度安排，教育、医疗、社会保障、科技创新、对外开放等领域的体制将通过深化改革，逐渐减少差异，向融合发展方向迈进。

（二）长江经济带加快高质量发展的思路

2016 年以来，在习近平总书记亲自谋划、亲自部署和亲自推动下，在各方共同努力下，长江经济带生态环境保护发生了转折性的积极变化，但生态环境保护基础还比较薄弱，市场化机制运用不够充分。在新发展阶段，长江经济带发展应聚焦于生态优先绿色发展主战场、畅通国内国际双循环主动脉、引领经济高质量发展主力军三个定位，践行新发展理念，加强战略统筹，坚持问题导向，深入实施绿色长江、数字长江、开放长江、幸福长江、文化长江等专项行动，建立沿江省市高标准协同发展体系，强化体制机制建设，形成更大合力推动高质量发展取得新突破。

1. 长江经济带发展取得的主要进展

几年来，沿江省市坚持"共抓大保护、不搞大开发"的战略方向，持续推进生态环境整治，取得了历史性成就，具体体现在以下方面。

第一，生态优先绿色发展深入人心。五年来，中央有关部门和沿江省市干部群众深入学习贯彻习近平总书记重要讲话和指示精神，深刻认识到保护与发展的辩证统一关系和生态环境保护系统性复杂性，把系统性修复和保护长江生态环境摆在压倒性的位置，自觉将生态优先绿色发展理念转化为实际行动，推动长江生态环境保护取得较大进展。

第二，生态环境显著改善。长江流域优良断面比例从 2016 年的 82.3% 提高到 2020 年的 95% 以上，长江流域基本消除劣 V 类水体。长江岸线整治提升全面推进，1361 座非法码头完成整改，2417 个违法违规项目已被清理整治。沿江省市大力推进绿色生态廊道建设，"滨江不见江、近水不亲水"现象即将结束。

第三，综合运输大通道建设取得新进展。长江干支线高等级航道里程达上万千米，14 个港口铁水联运项目全部开工建设。沿江省市高速公路和铁路路网密度明显提高，江苏、安徽等省份实现了"市市通高铁"。成都天府机场、贵阳龙洞堡机场改扩建、合肥新桥机场改扩建等枢纽机场项目加快推进，区域性机场群正在形成。

第四，高水平对外开放迈出新步伐。2016—2019年，长江经济带新增 8 个自贸试验区、24 个综合保税区，2020 年货物贸易进出口总额突破 21602 亿美元，占全国比重达到 46.49%，上海港、宁波—舟山港等港口集装箱吞吐量位居全球港口前列。到 2020 年年底，西部陆海新通道通达 96 个国家、260 个港口，累计发车超过 6000 班次，中欧班列（渝新欧）累计开行超过 7000 班次。① 随着开放环境改善，长江经济带已经成为全球活跃的流域开放带。

第五，体制机制创新实现新突破。浙江丽水、江西抚州开展生态产品价值实现机制试点，新安江、赤水河等流域生态补偿试点已形成可推广的模式，无锡河长制、旌德林长制等改革经验推广到全国，长江经济带发展负面清单管理体系等改革举措付诸实施，《长江保护法》的出台使得长江进入依法保护的新阶段。

2. 当前长江经济带发展存在的主要问题

第一，长江经济带发展与长三角区域一体化发展、成渝地区双城经济圈建设等战略统筹不足。2016 年以

---

① 数据来源：《2021 年重庆市政府工作报告》。

来，中央大力实施长江经济带发展战略，统筹长江上中下游协调联动发展，同时又在长江下游和上游分别实施了长三角区域一体化发展和成渝地区双城经济圈建设这两大战略。然而，这三个战略之间的统筹机制还没有真正建立起来。同时，长江中游地区目前还没有一个能够整合区域高质量发展的国家战略，有些地方对未来更长时期推进长江经济带发展缺少清晰的方向和思路。

第二，"多头治水"局面没有根本转变。长期以来，中央多个部门和沿江省市虽然都承担着长江"治水"的职责，但没有形成有效的协调机制，各类涉及跨部门、跨区域、跨江段以及央地间的"治水"行政分割现象都不同程度存在。这类现象长期存在并不利于长江生态环境高效保护。

第三，生态环境治理资金缺口较大。有些地方反映，近年来开展了生态环境治理、生态移民搬迁、退耕退养等工作，但上级政府下拨的环境治理专项资金不足，即使是一些列入国家或省级的生态环境治理项目，当地也要为这类项目提供较多的配套经费，由此承受很大的地方财政支出压力。

第四，巩固生态环境整治成果缺少长效机制。首先，长江下游地区化工企业异地转移缺少区域联动监管机制。据调研了解，江苏等地一些退出的化工企业改头换面到中西部地区投资，但因当地的化工园区环保设施和安全管理较差，所以这类项目落地极易成为当地新的生态风险和安全隐患。其次，农村污水处理缺少可持续运转的机制。调研发现，有些农村虽然已经建设了小型污水集中处理设施，但后续运维没有稳定资金来源，因而这些设施很难长期运转下去。此外，长江"十年禁渔"缺少精准的帮扶机制。调研发现，有些地方实施的就业帮扶政策不精准，难以有效解决渔民上岸之后的生计问题。

3. 长江经济带高质量发展的思路建议

针对上述这些问题，中央有关部门和沿江省市应完善相关政策，推动长江经济带高质量发展取得更大的成效。

第一，建立长江经济带发展与长三角区域一体化发展、成渝地区双城经济圈建设等战略的统筹机制。中央有关部门应研究制定长江中游城市群协同发展战略，探索建立"一托三"战略统筹机制，形成以长江经济带发展战略为基础，以长三角区域一体化发展、成渝地区双城经济圈建设、长江中游城市群协同发展为核心，进而带动长江流域地区高质量发展。"十四五"时期中央有关部门应组织协调沿江省市实施绿色长江、数字长江、开放长江、幸福长江、文化长江五个专项行动，充分发挥这些专项行动的牵引作用，建立包括生态环境保护、产业协作、创新驱动、基础设施建设、公共服务均等化、对外开放等领域的高标准区域协同体系和机制，带动不同重大区域战略耦合联动、协同推进。

第二，建立央地联动和区域协同相结合的治水机制。在中央层面，探索"一个部门牵头、多个部门协同"的工作机制，建立规划共编、政策共谋、项目共商、信息共享、机制共建的新机制。在地方层面，沿江省市应继续深入落实"中央统筹、省负总责、市县抓落实"工作机制，贯彻落实《长江保护法》，探索依法治江、依法护江的新模式。

第三，设立长江经济带生态环保基金。在基金筹集方面，中央和沿江省市按照协商比例进行分担，中央财政原则上出大头，沿江省市则参照经济规模、辖区面积等指标合理确定分担比例。在基金使用方面，优先支持高原湖泊生态环境治理、长江流域生物多样性保护、长江流域污染企业搬迁技术改造、长江上游地区工业绿色园区建设、长江上游地区农村污染源治理等。在基金资助方式方面，根据实际情况采取直接补贴、贴息贷款、事后奖励等方式对重点项目予以资金支持，充分调动地方继续推进长江生态环境修复保护的积极性。

第四，完善巩固生态环境整治成果的配套政策。中央有关部门应加强对沿江污染企业异地发展的跟踪监测，防范污染转移风险。引导沿江省市建立农村污水集中处理设施运转资金的分担机制，支持有条件的地区探索"谁排污、谁付费"和委托第三方运营的机制。指导沿江省市完善长江"十年禁渔"实施后上岸渔民精准帮扶政策，建立上岸渔民建档立卡、一户一案、全面覆盖、精准帮扶和长期跟踪的工作机制，确保上岸渔民转业致富。

第五，进一步强化组织保障。充分发挥推动长江经济带发展领导小组及其办公室的组织协调作用，鼓励沿江省市探索建立各种形式、不同层级的区域协调机构。同时，中央有关部门应从贯彻落实党中央重大战略出发，进一步完善沿江省市干部选拔任用、干部政绩考核等有关政策，确实发挥"指挥棒"的引导作用。

（三）长三角区域一体化的难题与应对

历史上，大国崛起都需要依靠一些增长核心区域作为战略支撑，而长三角区域正在发挥这种角色，同时也将在中国高质量发展、率先实现现代化和区域一体化发展中发挥示范引领作用。然而，从目前情况看，长三角区域一体化正面临着一些亟待破解的难题，需要采取必要的措施加以解决。

1. 长三角区域一体化亟待破解的难题

第一，产业分工协作困难较多。许多专家认为，长三角区域产业结构同构程度较高，许多城市发展的主导产业的类型和技术层次都比较接近，这些状况不利于城市间产业协同发展和转型升级。并且，许多城市都希望通过产业链上下游延伸的途径打造全产业链，这种愿望直接带来了两种后果：一是有些企业由于投资规模较大的生产线开工不足而出现经营困难；二是有些行业企业经常打价格战。另外，上海与长三角其他城市存在一定的利益冲突，上海希望吸引长三角其他城市实力较强的民营企业总部落户，带动科技创新要素转化，而其他城市则希望留住本地有实力的企业，并从上海承接科技创新要素，特别是高层次人才和科技成果，可见，这种利益冲突关系对长三角区域一体化形成一定的威胁。

第二，区域发展不平衡比较突出。长三角区域虽是中国经济比较发达、对外开放水平较高的地区，但长期存在南北差距、山海差距和平原与山区差距的问题，如苏南和苏北、浙东南和浙西北、皖中和皖西北等省域内差距。并且，长三角城市发展呈现分化之势，缩小地区差距的难度较大。另外，长三角区域发展不平衡也表现为城际铁路网建设相对滞后，城市交通通达程度差距较大。有些居民反映，省内交通出行便利程度甚至不如跨省出行。此外，长三角区域发展不平衡还表现为大中小城市规模不协调，合理有序的城市规模体系尚未形成。其中，上海市的规模、实力远超其他中心城市，城市集聚功能过多，但辐射作用却不足；而次级中心城市之间、中心城市与小城市之间的差距也都较大，难以形成比较合理的城市功能分工。

第三，科技创新要素流动不畅。目前，长三角产业转型升级正处于从要素驱动向创新驱动转变的关键时期，需要科技创新要素更大范围更充分流动。然而，长三角优质公共服务、生活舒适性和交通通达程度存在明显的城际差距，高端人才更愿意留在上海、杭州、苏州、南京、合肥等中心城市发展，不愿意到其他更小的城市。同时，长三角区域虽然集中了众多的大学和科研机构，但这些机构的溢出效应不够，许多企业家反映他们的企业对接高校、科研机构创新资源的体制障碍较多，特别是科技成果向外转移转化的限制条件太多。

第四，经济发展后劲不足。目前，长三角地区不少民营企业正陷入"成长的烦恼"，发展到一定程度就遇到了"天花板效应"，难以在转型升级中实现技术突破或商业模式转换，以至于有些学者最近提出了一个"长三角之问"，即长三角地区为何培养不出像华为、中兴这样具有世界竞争力的科技型大企业？这个问题揭示出了这样的一个事实：虽然长三角地区民营经济比较发达，但企业长不大、长不强却是普遍存在的现象。同时，许多传统产业集群已经进入萎缩的状态，一大批企业倒闭或集体迁移外地，集群转型升级停顿受阻。另外，长期过度依赖外部需求，开拓内需动力不足也是长三角地区普遍存在的问题。在当前复杂多变的国际经济形势下，这种状况使得长三角地区保持经济持续高增长的压力更大。并且，在现在的经济形势和体制环境下，地方政府依靠地价优惠、税收优惠、财政补贴等手段很难吸引到优质企业，更难以找到较好提振经济的手段。

第五，生态环境面临比较严峻的形势。长三角区域是中国河湖分布密集、水网发达的地区，水环境问题比较突出，跨界水污染问题长期存在，生态环境协同治理机制不完善产生了许多问题，如，前几年发生的"太湖蓝藻事件"。同时，长三角化工、电镀、铸造、烤漆等高污染行业企业数量多，污染达标排放治理难度大。再者，上海等城市垃圾处理能力趋近饱和，垃圾异地转移偷倒现象时有发生。不仅如此，长三角许多城市缺少安全、清洁、充足的饮用水源，有些城市长期把长江水作为城市唯一的饮用水源，没有备用的饮用水源。此外，经过长期高强度开发，长三角区域开发强度非常高，集中连片城市连绵带已经出现，生态空间受到严重侵蚀，湿地萎缩、生物多样性退化等现象增多。

2. 更有效推进长三角区域一体化的对策建议

针对当前长三角一体化发展中存在的难题，并结合有关规划文件要求和实际情况，提出以下对策建议。

第一，加强规范地方发展产业行为。中央有关部门引导地方政府按照《长江三角洲区域一体化发展规划纲要》要求科学编制本地的产业发展规划，找到错位发展的新方位。引导地方政府减少对产业发展直接干预，规范地方政府支持产业发展有关政策，对各级政府出台的产业发展扶持补贴政策要进行严格审查，取消一些不符合法律法规的产业支持政策。鼓励地方政府大力营造良好的营商环境，将财政补贴经费更多用于培育产业发展环境和建立产业共性技术平台，着力解决产业发展的关键核心技术短板。

第二，探索市场化区域协作模式。鼓励长三角城市共同出资成立平台型园区开发企业、产业发展投资基金和新型研发机构，并发挥这三者的"三轮"驱动作用。平台型园区开发企业负责在长三角区域托管、共建或自建产业合作园区，并从事园区招商、园区管理、融资服务、技术转移等业务。产业发展投资基金扮演"耐心资本"的作用，与平台型园区开发企业密切配合，全方位为园区企业提供各类融资服务。新型研发机构则协助平台型园区开发企业，积极为园区企业提供针对性的技术服务。

第三，灵活采用政策工具推动区域协调发展。一方面，建立精准高效的区域援助机制。长三角"三省一市"要从地方财政中拨出经费共同建立区域援助基金，加大对区域内经济欠发达地区的援助，包括基础设施建设、就业培训、产业合作园区建设等；另一方面，加快推进城际高速铁路网建设。实施多元化的资金筹措机制，吸引社会资本共同参与城际铁路投资。针对长三角客流特点，增开城际铁路客运班列，特别是上海到周边城市、沿江城市和沿海城市的客运班列。

第四，构建有利于产业转型升级的协同创新共同体。中央有关部门应支持长三角优质基本公共服务均衡化发展，推进优质生活圈、产业生态圈和创新生态圈融合发展，促进科技创新要素跨城流动。长三角"三省一市"要加强科技协同创新工作，推广使用协同创新电子券，鼓励区域内企业与高校科研机构建立协同创新伙伴。支持有条件城市公开招聘产业集群首席技术官，通过行业协会或新型研发机构引导传统产业集群转型升级突围。

第五，创新推进生态环境协同治理。建立跨省流域和湖泊的水环境质量监测体系，加大对河湖水质的监测，根据水质变化建立横向的生态补偿机制和污染事件分级响应的责任追究机制。支持长三角"三省一市"探索设立退湖还湿、退耕还林、退养（殖）还湖等生态补偿基金，加大对生态环境保护的补偿力度。更大区域范围内统筹城市垃圾无害化处理项目的布局，鼓励长三角城市率先建设"无废城市"，全面实施垃圾分类处理。

（四）粤港澳大湾区过快"去工业化"风险防范

过去几年，粤港澳大湾区已经出现了过快"去工业化"的苗头，这种现象并不利于粤港澳大湾区建设具有全球影响力的国际科技创新中心。当前，随着国际环境更加复杂多变，不确定风险急剧增加，都将可能导致粤港澳大湾区过快"去工业化"现象加剧。为此，要高度重视防范，避免制造业出现区域性衰退。

1. 粤港澳大湾区过快"去工业化"的苗头特征

"去工业化"是产业结构演进的正常现象，但过快"去工业化"不仅违背了工业化的基本规律，也容易产生诸多的负面影响，如侵蚀制造业的创新能力，不利于全社会生产率提升等。发达国家的基本经验是，就业虽经历了"去工业化"的过程，但产出占比相对稳定，从而避免了很多"去工业化"的负面影响。相比之下，近些年粤港澳大湾区却出现了过快"去工业化"的苗头，这不仅表现为就业的"去工业化"，也表现为工业增加值占比明显下降，这种现象侧面反映了工业生产率提升放缓。由于香港、澳门已经历过了"去工业化"，工业从业人员和增加值占比都很低，因而，下文将利用刚公布的第四次全国经济普查数据着重分析珠三角九市过快"去工业化"的一些基本特征。①

第一，工业从业人员规模明显减少。根据第三次和第四次全国经济普查数据，2018 年年末珠三角九市工业企业法人单位从业人员为 1590.77 万人，比 2013 年年末减少了 158.12 万人，下降了 11.87%。同时，2018 年珠三角九市工业企业法人单位从业人员占全部法人单位从业人员数的比重由 2013 年年末的 58.07% 下降至 2018 年年末的 41.46%，降低了 16.61 个百分点。上述数据表明了珠三角九市在短短的五年时间就出现了工业从业人员规模明显减少和占比大幅下降的

---

① 根据中共中央、国务院印发的《粤港澳大湾区发展规划纲要》，珠三角九市是指广东省广州市、深圳市、珠海市、佛山市、惠州市、东莞市、中山市、江门市、肇庆市。

现象。值得关注的是，肇庆市经济发展水平最低，但工业从业人员流失率最高，2018年该市工业从业人员比2013年年末净减少了10.77万人，下降了25.02%。

第二，劳动密集型的传统优势产业就业规模明显下降。从第三次和第四次经济普查数据看，2013—2018年珠三角九市优势产业从业人员增长呈现分化的态势。一方面，制鞋、纺织服装、纺织、娱乐用品、橡胶和塑料制品、非金属制品等传统优势产业从业人员明显减少，分别比2013年年末下降了42%、34%、33%、25%、11%、11%；电气机械和器材、电子设备等具有明显竞争优势的产业从业人员也有所减少，分别比2013年年末下降了11%、5%；另一方面，有些产业从业人员出现了逆势增长。2018年年末汽车制造、专用设备、通用设备、医药制造、金属制品等产业从业人员分别比2013年年末增长了30%、22%、11%、9%和4%。

第三，工业增加值占比有所下降。2018年年末珠三角九市工业增加值占GDP的比重为38.51%，比2013年年末下降了4.14个百分点。其中，珠江西岸城市工业增加值占比下降幅度高于珠江东岸，肇庆、中山、广州、佛山和惠州分别下降了12.51%、6.54%、6.24%、5.14%。按照折算成美元计算，2018年年末肇庆人均GDP仅为8046美元/人，低于10000美元/

人,工业增加值占比下降最大,具有显著的过早过快
"去工业化"特征。

第四,地区发展不平衡比较突出。从工业企业法
人单位从业人员数占比看,2018 年年末深圳工业企业
从业人员规模最大,占全省的 22.7%,东莞和佛山位
居第二、三位,分别为 20.5%、12.2%,肇庆市最
低,仅占 1.7%。跟第三次经济普查相比,珠三角九市
工业发展不平衡状况没有明显改变。

2. 粤港澳大湾区过快"去工业化"的潜在影响因素

受国内外环境变化的影响,当前及今后一段时间
粤港澳大湾区极有可能出现过快"去工业化"加剧的
势头。需要考虑以下潜在影响因素:一方面,复杂多
变的国际环境。随着国际贸易保护主义兴起和中美经
贸摩擦加剧,粤港澳大湾区长期依靠出口带动的发展
模式必然受到较大冲击,工业企业面临不利的外贸环
境,有些企业特别是外资企业存在大规模外迁的风险;
另一方面,发达国家主动介入调整全球产业链,也将
导致粤港澳大湾区企业被动进行区位调整,增加企业
投资成本。此外,发达国家同行业的技术进步较快,
东南亚和南亚国家比较优势开始显现,这些因素形成
的相对价格转移效应将对粤港澳大湾区制造业产生较
大威胁。

另外，要素成本快速上涨。随着中国人口结构的变化，粤港澳大湾区传统产业将面对着快速上涨的劳动力成本，技能工人的短缺问题将变得更加突出。而工业用地价格上涨和环保政策升级进一步加大了企业的成本压力。

3. 积极化解粤港澳大湾区过快"去工业化"风险的建议

第一，壮大发展具有竞争优势的世界级产业集群。针对粤港澳大湾区产业发展、创新资源和体制环境，有关部门应重点支持粤港澳三地合力推动电子信息、先进装备制造、生物医药等优势产业发展成为世界级产业集群。从城市功能分工出发，支持广州、深圳、香港和澳门等地充分发挥科技创新、融资、商务服务等优势功能，支持东莞、佛山、珠海、惠州等城市承担专业化的生产制造优势功能，促进各城市产业链、创新链和资金链实现优势互补、分工协作。进一步优化粤港澳大湾区产业布局，提升珠江西岸的先进装备制造优势，支持佛山、珠海建设先进制造业中心，辐射带动江门、肇庆等城市关联配套产业发展。规划建设广州—东莞—深圳—香港科技创新走廊，培育发展新兴产业。

第二，持续增强区域制造业创新能力。按照市场化、社会化、国际化的发展方向，支持粤港澳三地建立开放共享的区域创新体系，推动粤港澳大湾区各类创新平台、创新企业、服务中介等主体充分整合，融为互联互通互动的创新生态。推进重点产业复杂制造技术体系建设，不断提高制造复杂产品的能力。支持粤港澳大湾区新兴技术商业化应用，利用人工智能、5G、量子通信等新兴技术改造传统优势产业，培育发展引领未来的新兴业态。大力引进港、澳知名大学到珠三角九市设立分校区、研发分支机构，吸引香港、澳门青年人才赴珠三角九市就业创业，地方政府提供相应的配套政策支持。支持珠三角九市知名大学实行国际化办学，面向全球招收优秀学生，利用优惠的人才政策和良好的发展环境吸引更多的留学生留粤发展。

第三，充分发挥高新区、经开区等各类产业园区平台的支撑作用。支持广东省深入推进珠三角九市"腾笼换鸟"，建立以制造业高质量发展为导向的园区考核体系，引导珠三角九市各类产业园区转型升级，逐步淘汰高消耗、高排放、低效的工业企业。支持珠三角九市产业园区因地制宜发展现代服务业，大力支持先进制造业与现代服务业融合发展，增强现代服务业对先进制造业的促进作用。

第四，支持企业在疫情常态化防控中稳产达产。粤港澳三地应按照中央有关部署全力以赴做好疫情常态化防控，努力为企业稳产达产创造安全稳定的社会环境。中央有关部门应支持广东省通过减免税费、贴息贷款、缓缴社会保险费等政策措施减轻企业用工和融资成本，对中小微企业实施更大的政策支持力度。支持香港、澳门做好疫情常态化防控，保障香港、澳门重点防疫物资需要，减轻社会公众对疫情波动起伏变化的焦虑情绪。

第五，实施工业用地保护政策。支持广东省对珠三角九市各类工业园区进行全面调查，摸清工业用地的规划范围、基本属性、使用面积和用途情况，支持珠三角九市实施工业用地保护区，划清保护红线，从严审批工业用地用途调整。支持香港、澳门到广东省发展"飞地经济"，在"横琴模式"的基础上深入探索共同规划、共同建设、共同管理、共担风险、共同受益的"飞地园区"发展模式，逐步解决香港、澳门科技成果转化与产业发展空间受限的矛盾。

（五）雄安新区与周边地区的融合发展

在全面建成小康社会的新起点上，雄安新区迈入新发展阶段，开启了全面建设社会主义现代化的新征程。2019年以来，雄安新区开始进入大规模城市开发建设阶段，自然要深化与周边地区一体化发展，以便在不远的将来能够在京津冀世界级城市群中成为与北京、天津实力相当的重要一极。目前，雄安新区城市总体规划开始实施，启动区正在紧张施工建设，一批重大基础设施项目有序推进，雄安新区与京、津及河北其他地区融合发展也取得了阶段性进展。

1. 雄安新区与周边地区融合发展的进展情况

第一，雄安新区及毗邻地区管控紧抓不放。新区设立以来，为了防止新区城乡建设无序发展和毗邻地区"贴边"发展，河北省委、省政府对雄安新区及毗邻地区的相关规划、土地管理、项目建设、户籍人口、不动产交易等领域实行严格管控，派驻工作组深入排查，及时纠正和查处各类违法建设现象，确保新区规划建设发展顺利推进。保定市和沧州市成立专班工作组，建立常态化工作机制，按照河北省委、省政府的要求对环雄安毗邻地区的违法占地、违法建设活动、违规排污等现象进行重拳治理。据调研发现，2017—2019 年保定市累计查处管控区域违法占地超过 1000 亩，取得了较好的"震慑"效果。

第二，雄安新区连接周边地区的重大交通基础设施正在建设。京雄城际铁路已经建成通车，北京西站到雄安站可实现一小时通达，京雄"一小时城际交通圈"基本形成。京雄高速、京德高速、津石高速等多条城市对外或过境骨干交通线正在紧张施工，京雄高速河北段已全线铺通。雄忻高速铁路建设项目近期也获得国家发展和改革委批复，雄商高铁即将开工建设。这些国家骨干交通线建成通车后，雄安新区与北京、天津、石家庄等周边城市的交通一体化水平将显著提高，雄安新区有望在未来5—10年成为全国重要的交通枢纽。

第三，雄安新区加强与周边城市功能分工。雄安新区按照北京非首都功能疏解集中承载地的定位，明确了城市职能定位，要在城市建设、现代经济体系建设、改革开放等方面发挥高质量发展的全国样板作用。这些定位不仅与周边城市没有明显交叉重叠，还有利于推进城市产业分工协作。如，北京市支持雄安新区"三校一院"项目接近完工，中关村科技园雄安分园已挂牌进入合作运营。又如，保定市定位于打造北京非首都功能疏解的"第二战略支点"，积极抓好保障支持雄安新区建设，在干部选派、白洋淀上游生态环境治理、环雄安的毗邻地区管控、绿色建材供应等方面为雄安新区建设提供支撑保障，同时加快推进京雄保率先一体化发展，借力借势打造品质生活之城。

第四，雄安新区与周边地区建立了政府间协作机制。近年来，北京、天津等周边地区党政领导多次深入到雄安新区考察交流，推动落实了一批产业、公共服务等合作项目，选派一批干部到雄安新区挂职或任职，有力支持了雄安新区起好步、开好局。在省内，河北省委、省政府履行主体责任，多次召开全省雄安新区工作会议，推动保定、沧州等城市与雄安新区协调联动，全力支持雄安新区规划建设发展。

然而，三年来，雄安新区与周边地区融合发展还面临着一些困难和问题：一是雄安新区与周边城市融合发展目前还缺少顶层设计，没有建立对接协作的长效机制。二是在承接北京非首都功能疏解中，雄安新区引进落地的重大标志性项目偏少。三是雄安新区虽与北京中心城区、北京城市副中心存在城市功能分工，但这三个地方重点产业发展方向高度雷同。这种状况既阻碍北京非首都功能向外疏解，又极易加剧城市间的招商引资竞争。

2. 深入推进雄安新区与周边地区融合发展的重点任务

第一，超前规划建设雄安现代都市圈。雄安新区从开发建设到初具雏形至少需要 15 年甚至更长的时间，但从空间演化规律看，冀中地区今后必将形成以雄安新区为核心，辐射保定、沧州、廊坊部分区县的都市化区域。为此，现阶段要跳出"雄安"看雄安，在更大的空间尺度进行谋划，启动规划以雄安新区为核心，辐射带动保定、廊坊、沧州等周边城市有关县（市、区）一体化发展的现代都市圈。在规划引领下，统筹推进产业和人口布局、基础设施建设、生态协同治理、公共服务配套、城市规划衔接、城市管理联动等，避免雄安新区与周边城市各自发展。

第二，集中建设一批能够承接北京非首都功能疏解的重大载体。北京非首都功能疏解是否破题，关键看雄安新区。对此，雄安新区应加快建设"中关村科技园区雄安分园"，积极与保定、廊坊等周边城市对接，共同承接北京相关产业链条协同转移。另外，雄安新区科技创新和产业发展需要中央超常规、持续性的强力支持。中央应支持雄安新区建设"有特色的国际科技创新中心"，集中布局一批国家重大科技基础设施，借此吸引一批国家级科研院所和科技企业到雄安新区落户，进而辐射带动周边城市。中央也应支持雄安新区规划建设"雄安金融城"，借鉴国际金融中心发展经验，鼓励各类金融机构到雄安新区设立总部或功能型总部，培育发展新兴金融业态。

第三，着力推进全域城乡深度融合发展。雄安新区是典型的城乡分化空间形态，实现全域城乡融合发展是城市形态高级化的需要。一方面，雄安新区今后是一座外来常住人口占主导的城市，要高标准推进城市建设，打造高品质城市环境，也要用国际规则和开放环境吸引全球人才，并建立与之相适应的体制环境和优质公共服务体系；另一方面，雄安新区未来城镇化并不会消灭农村，相反要支持特色小镇和美丽乡村发展，率先探索以城带乡、城乡共荣、一体发展的新模式，确保城乡居民生活水平、发展机会和基本公共服务大致相当，充分展现社会主义制度的优越性。

第四，深入实施生态环境区域协同治理。针对当前生态环境状况，雄安新区生态环境治理离不开周边城市的配合支持，特别是白洋淀流域环境治理、大气污染治理、地下水超采治理、机动车尾气排放治理等方面都要与周边城市深化联动治理机制。同时，雄安新区城市垃圾无害化处理、土壤污染治理、水环境治理、农村面源污染治理、植树造林等项目都需要北京、天津等周边地区的人才、技术和资金支持。

3. 深入推进雄安新区与周边地区融合发展的政策建议

第一，实施雄安新区及毗邻地区分类分级管控。根据城市规划和建设任务，支持河北省委、省政府进一步完善雄安新区及毗邻地区管控政策，实施分类分级精准管控，对近期计划征迁以及城乡接合部的村庄要继续严格管控，对未列入城市建设组的村庄则实施"恢复生产、依法建房、依规落户"措施，对毗邻地区要实施"恢复生产、依法建房、限制开发"措施。同时，有关地方政府应确保信息公开透明，及时回应社会关切。

第二，启动编制雄安现代都市圈专项规划。中央有关部门应组织力量开展相关研究，尽快启动编制《雄安现代都市圈规划》，确定都市圈基本范围、发展定位和合理人口规模，明确产业发展与布局方向、空间结构、互联互通的基础设施体系、共建共享的公共服务体系、生态环境协同治理等重点任务，提出雄安新区现代都市圈一体化发展的体制机制创新和组织保障。

第三，支持雄安新区构筑承接中央机构的政策平台。为了引导一批中央企业、中央金融企业、部属高校等中央单位到雄安新区发展，应支持雄安新区深入探索央地融合发展新模式，针对不同类型中央机构打造政策平台，设计分类体制改革方案。针对中央企业，建立"中央企业混合所有制改革试验区"，按照"先混改、后入驻"原则，有序组织中央企业下属企业和科研机构迁入雄安新区，组建一批有别于传统体制的市场化、规范化、国际化运作的现代企业或新型科研机构。针对中央金融企业，建立"金融业改革创新发展试验区"，按照"承接增量、创新监管"原则，引导中央金融企业将新兴金融业态板块导入雄安新区，创新监管模式，支持雄安新区发展高端金融服务业。针对部属高校，建立"高校科技成果转化试验区"，按照"体制创新、落地转化"原则，朝着简化程序、科学评估、产权清晰、市场运作、利益共享的改革方向，实施力度更大、直碰痛点的高校科技成果转化体制改革，吸引一批部属高校科技成果在雄安新区及周边城市落地转化。

第四，支持雄安新区加快建设新型基础设施。在新冠肺炎疫情全球蔓延的背景下，加大支持雄安新区适当超前、加快建设面向未来的城市大脑、数据中心等数字化信息基础设施，特别是5G、人工智能、物联网、工业物联网等支撑新兴产业发展的新型基础设施，在项目审批、项目融资、技术标准等方面予以政策支持。鼓励5G、人工智能等领域相关企业在雄安新区设立应用场景，开发更多新技术产业化应用的结合点，催生一批具备前瞻性、引领性、自主性的科技企业，强化雄安新区及周边城市的产业链协同配套。支持雄安新区协同推进适应新技术大规模应用的体制改革和地方立法工作。

第五，建立京津冀三地协同推进雄安新区与周边地区融合发展机制。在党中央领导下，在京津冀协同发展领导小组统一部署下，中央有关部门应根据雄安新区规划建设发展的进展研究制定京津冀三地协同推进雄安新区与周边地区融合发展的重大举措，加强协调京津冀三地推进雄安新区与周边地区产业协作发展、规划衔接、空间协调、交通一体化、生态协同治理等工作，妥善处理雄安新区与周边地区融合发展面临的困难和问题。

五 新发展格局下促进区域
   协调发展的建议

党的十九大报告对区域协调发展做了比较全面、系统和概括的论述。深入实施区域协调发展战略对缩小地区差距、促进区域公平发展、全面建设社会主义现代化国家都具有重要的现实意义。当前，中国区域协调发展步入稳步推进的正常轨道，无论是国家战略导向还是区域政策体系都比较清晰。尽管这样，现阶段中国区域发展不协调、不充分问题仍然比较突出，亟须从认识到政策做出相应的调整，才能实现从现有水平的区域协调发展到高质量的区域协调发展。

（一）把握新发展格局对区域协调
   发展的内在要求

中国是一个发展中的大国，各地区经济社会发展水平差异较大，区域城乡收入差距明显，地区发展不平衡不充分现象长期存在。在新的环境和条件下，中国必须立足新发展阶段、贯彻新发展理念、构建新发展格局。加快构建新发展格局是一项关系中国发展全局的重大战略任务，关键在于经济循环的畅通无阻。为此，准确把握新发展格局对区域协调发展的内在要求，是当前及今后一个时期区域协调发展的重要工作。具体而言，至少要把握以下几方面的要求：一是充分发挥各地区比较优势，加快建设强大的国内市场。遵循各地区发展基础和功能定位，引导各地区错位发展，通过互补优势增强的区域互动，打通各地区生产、分配、流通、消费等环节的"堵点"，破除影响要素流动与产业转移的体制机制障碍，进而形成高效开放的国内大市场。二是更高水平协同推动内陆开放与沿海开放"比翼齐飞"。各地区应充分发挥开放平台的综合优势，积极探索制度型开放，继续开辟海陆、空中等开放通道，扩大内地、沿海与国外产业链分工协作，推动国内产业链与国际产业链有机衔接。三是充分发挥重点区域在构建新发展格局中的示范作用。中央和地方应不失时机地推动京津冀协同发展、长江经济带发展、粤港澳大湾区建设、长三角区域一体化发展等区域重大战略更好在构建新发展格局中的作用，充分发挥京津冀、长三角、粤港澳大湾区等重点区域在新发展格局中率先示范和取得突破，着力发挥长江经济带、黄河流域等在畅通国内国际双循环主动脉作用。四是牢牢把握扩大内需这一重要战略基点，发挥有关地区消费、投资和外贸的增长潜力，特别是适当加大特殊类型地区的投资，改善这些地区发展条件，积极为区域协调发展创造有利的条件。

（二）加强对"三个繁荣"的正确认识

长期以来，中国区域经济学界比较关注区域政策到底是着眼于解决人的繁荣问题还是地区的繁荣问题，相应地，对于生态的繁荣问题还关注不够，而《全国主体功能区规划》的出台从某种意义上是对生态繁荣给予更多的关注，"绿水青山就是金山银山"就是强调生态繁荣的重要性。中国区域发展差距比较大，这既表现为地区间人均收入差距大，又表现为各地区经济实力的差距，另外也表现为区域生态环境的差距。理论上，人口自由流动对于缩小地区差距具有重要的作用，但人的繁荣并不意味着地区的繁荣就会出现，同时，如果只是片面强调人和地区的繁荣，却用牺牲生态环境来换取经济发展，也是不可持续的。为此，中国在实施区域协调发展战略过程中要注重人、地区和生态三者繁荣的平衡、统一和兼顾，不能顾此失彼。

从思想观念上解决区域协调发展的认识误区是深入实施区域协调发展战略迈出的关键一步，具体而言，主要包括：一是从注重发展结果导向的区域协调发展转向发展过程和结果并重的区域协调发展，强调发展过程中不能以牺牲生态环境为代价，而要追求生态繁荣，实现可持续发展，把生态环境质量作为评价区域协调发展的重要指标。二是中国区域协调发展更加重视人和地区发展机会的平等，而不是牺牲个别地区的发展机会换取其他地区高速发展。三是中国区域协调发展要突破空间的局限，坚持以人为本，把人的生活水平大致相当、发展机会的平等、基本公共服务均等化等指标作为区域协调发展的标准之一，确保区域发展成果能够切实转化为居民的福利。

（三）深化要素跨区域流动的体制机制改革

促进要素自由流动是中国区域协调发展战略追求的目标之一，是解决区域发展不协调、不充分的一个关键突破口。改革开放以来，中国要素流动体制障碍逐渐减少，促进要素跨区域流动的市场机制日趋健全，要素流动更加顺畅。但现实中，中国要素跨区域流动尚不充分，制约要素跨区域流动的体制顽疾仍然存在。而下一步，解决要素跨区域自由流动的关键在于以下几个方面。

一是完善要素价格形成机制。无论是自然资源还是劳动力、技术，都要建立相应的市场化定价机制，让价格信号引导要素资源在区域之间形成合理、高效配置。各级政府应减少对自然资源产品或劳动力价格形成机制的直接干预，压缩政府性定价的范围，纠正对自然资源产品、劳动力等要素的不合理补贴行为，让要素资源的价格能真实地反映市场供需变化，让资源富集地区能够真正获得较高的经济收益。

二是防范地方保护主义兴起。中央应从促进国内大循环出发，组织实施社会主义市场秩序的专项督察，对地方政府截留资源、封锁市场、违规为本地企业提供保护伞等行为要依法依规进行严肃处理，引导地方政府按照国家区域发展总体战略主动推进区域协同发展。在构建发展格局中，中央有关部门应引导各地区不搞自我小循环，积极推动国内大循环和国内国际双循环相互促进，加强跨区域产业协作、对口帮扶等。

三是降低要素跨区域流动成本。在国家交通主干网络基本建成的条件下，未来应优化交通基础设施投资的方向，重点解决跨区域的断头路、瓶颈路、城际铁路等线路建设，加快交通一体化进程。同时，充分利用日趋完善的现代交通基础设施网络，大力发展现代物流业，破解物流"最后一公里"、物流枢纽发展滞后等问题，实现物畅其流。

四是建立以居住证为载体的基本公共服务体系。深入推进户籍制度改革，因地制宜、分类引导、循序渐进推进流动人口市民化，实施便民化的居住证登记制度，使居住证真正成为流动人口异地享受均等化公共服务的"护身符"。北京、上海、深圳等超大城市应有序降低落户门槛，简化积分制度，实施有利于吸引人才就业创业的落户管理政策。

（四）创新举措推动产业转移协作

中国区域发展不平衡突出，地区间发展机会差距大，地区比较优势不能充分发挥，地区发展潜力处于待激发状态，进一步优化产业布局与促进产业转移是缓解区域发展不平衡、不充分的重要途径。

第一，全方位深入推进产业跨地区梯度转移。在国家层面，要支持东部地区环境友好型产业特别是新兴产业向中西部纵深转移，充分利用中国内地的比较优势和腹地市场，保障制造业产业链供应链稳定安全。同时，中央有关部门也要在京津冀地区支持地方探索城市群或都市圈内部的产业转移新机制新模式，为超大城市、特大城市产业疏解转移提供可借鉴可推广的经验。鼓励东部沿海地区通过对口合作帮助东北老工业基地承接国内外产业转移，遏制住东北老工业基地制造业持续大面积衰退。

第二，探索地方特色的合作园区发展模式。继续推动以政府为主导的跨地协作的合作园区建设，探索规划共编、园区共建、利益共享、风险共担的机制，把合作园区作为产业跨区域转移的承接载体。积极探索市场化的产业园区合作，鼓励社会资本组建园区开发专业企业，由专业企业根据市场规则在全国布局建设一批统一品牌、连锁式管理、一体化招商、菜单式服务、平台化运作的产业园区，形成政企合作新样板。在园区转型升级中，支持一批传统工业园区直接委托专业园区企业开发、招商引资和服务管理，建立公私合作的责任分担和利益分享机制，打造产业合作新平台。

第三，鼓励在省域或行政区域面积较大的市域建立产业园区合作机制。为了深入实施《全国主体功能区规划》和优化国土开发，禁止在生态功能区新建产业园区，引导生态功能区所在县（市、区）到本市或本省重点开发区域租地或以建设用地指标置换空间等形式设立合作园区，通过自主管理或委托管理形式对合作园区进行管理，并建立相应的责任分担、利益分享等合作机制。

（五）增强特殊区域的发展能力

区域协调发展既要统筹好区域之间的关系，又要增强特殊区域发展能力，让这些区域能够更多依靠自己的力量来解决区域发展问题，而不是仅仅依靠国家区域政策体系框架来推动解决区域发展问题。

第一，着力提高区域自生发展能力。大力深入实施乡村振兴战略，因地制宜实施乡村特色产业发展，培育新型农村经营主体，建立欠发达地区乡村振兴与巩固脱贫攻坚成果的长效机制，增强地区发展后劲。继续实施东北等老工业基地振兴战略，以体制机制改革为抓手，深入推进市场化导向的体制机制改革，改善营商环境，大力发展民营经济，鼓励中小企业壮大发展。支持老少边穷等特殊困难地区发展，加大对这些地区的基础设施、生态建设、教育发展、就业培训等方面的投入，鼓励特色优势产业发展。

第二，着力提高区域自主调节能力。针对"大城市病"问题日益突出并具有普遍性问题，有关部门不能只针对北京采取非首都功能疏解方式解决这一问题，而应该在全国范围内组织实施"大城市病"的集中整治专项行动，同步对中国城市规划和建设的相关法律法规进行全面修订，并对有关体制机制提出与时俱进的配套改革措施。通过集中整治"大城市病"，优化提升中国超大、特大和大城市的功能，增强城市自主调节能力，发挥这些中心城市对区域发展的辐射带动力。

第三，着力提高区域生态环境修复能力。经过多年的开发建设，中国区域性生态环境问题比较突出，京津冀地区雾霾和沙尘暴多发、长江流域水环境、祁连山矿山过度开发等问题已严重威胁到区域可持续发展，如不及时、妥善解决就可能影响到国家发展的全局。在现阶段及今后一段时期，按照国家战略总体部署，持续深入推进区域生态环境协同治理，在京津冀协同发展、长江经济带建设等地区探索一些新的经验，在节能减排、产业布局优化调整、机制建设等方面取得新的突破，增强区域生态环境修复能力。

（六）促进区域互动融合发展

为了深入推动不同板块之间互动和国土空间优化开发，中国需要建立跨区域板块和跨功能区的协调机制，以实现区域发展利益更大化和补偿区域发展利益。

第一，建立以经济带为纽带带动板块联动发展机制。在区域发展总体战略的框架下，统筹东部率先发展、中部崛起、西部开发和东北振兴的关系，平衡中央对各区域的政策支持力度。以长江经济带建设为契机，进一步完善东部、中部和西部的联动发展机制，促进产业、交通和生态三个领域率先突破，实现长江上中下游产业转移协作、现代综合交通体系建设和生态环境协同治理，实现发展机会共享、利益横向补偿和区域互补。按照生态优先、高质量发展要求，深入推进黄河流域生态环境协同治理，支持中心城市率先高质量发展，妥善处理水沙关系和人地关系。以丝绸之路经济带为纽带，以经济带沿线城市为节点，推动四大板块相关地区的协调联动，共同开展国际产能合作和全方位对外开放。

第二，建立以主体功能区为基础带动不同功能区域协调发展。全国和省级层面的主体功能区规划已编制完成，各类型功能区已进行划分，但由于支撑主体功能区体系的相关体制机制不健全，所以主体功能区规划体系尚未进入实质性操作阶段。对此，下一步要加快建立与主体功能区规划体系相适应的利益补偿机制、官员政绩考核评价体系和配套政策体系，着眼于解决不同类型主体功能区发展的利益诉求和主要矛盾。

（七）完善区域协调发展配套政策

第一，财税政策。加快中央财政对中西部地区的转移支付力度，在专项资金或项目安排方面，按照事权划分的类型，对于市级及以上政府事权范围内的项目，尽可能降低直至取消中西部地区县级财政配套比例，减轻中西部地区特别是经济欠发达县的财力负担。

中央财政应对中西部地区跨区域的交通基础设施、重大生态环境治理工程、公共服务设施等重点项目予以大力支持，加大对中西部地区特别是特殊困难地区基础教育的投入力度。对中西部地区和东北地区重点功能平台，中央要酌情考虑予以特殊的税收优惠政策，提高对外来资本的吸引力。加大中央和地方财政支持力度，填补资源型地区、老工业基地等地区城镇职工养老保险资金不足问题，彻底解决历史遗留问题。

第二，教育就业政策。提高中西部地区特别是特殊困难地区九年义务教育和职业教育办学质量，实施职业教育免除学杂费和奖补政策。加大对资源转型地区、老工业基地等特殊区域下岗职工转岗再就业培训，建立以企业为主体再就业培训体系。实施中西部偏远地区和东北等老工业基地特殊的高层次人才引进和留用政策，通过定向培养、专项计划、委托培养等方式大力培养适应地区经济社会发展的专业人才。建立人才流动的培养基金返还机制，对于跨区域就业的人才，原则上按照工作年限予以人才输出地区必要的培养成本返还。

第三，土地政策。在提高土地利用效率的前提下，各省可以根据主体功能区的类型在省域内实现城镇建设用地指标跨地市有偿流转，严格控制限制开发区和禁止开发区城镇建设用地的使用规模，鼓励这两类区域将城镇建设用地指标流转到其他类型区域使用。探索建立优化国土空间开发的机制，提高城镇建设用地综合利用效益，建立建设用地低效使用的惩罚问责机制，实现城镇建设用地使用效益与城镇建设用地指标安排的联动，对于建设用地擅自改变用途、批而未用、低效利用等现象予以核减一定比例的用地指标。禁止农村地区私自建房，将农村集体建设用地纳入城市建设用地执法管理范围。

（八）健全区域协调发展机制

第一，完善区域干预机制。针对区域问题日益增多，中央要采取合并同类项的办法，将不同类型的区域问题适当归类，成立相应的领导小组及其办公室，及时出台和实施相关的区域规划和政策措施，以有效解决"大城市病"、集中连片特困地区脱贫问题、老工业基地振兴发展问题、资源型地区转型问题等。另外，为了全面领导区域经济工作，中国应借鉴欧盟做法，尽快建立国家区域行政管理机关，将国家部委相关职能集中起来，组建"国家区域发展委员会"，负责组织开展涉及区域发展、区域协调、国土空间规划等相关工作。

第二，创新区域合作机制。坚持优势互补、互利共赢的原则，继续深入推进以地方政府为主导的区域经济合作，规范政府合作行为，明确政府合作行为的"负面清单"。鼓励区域合作市场化运作，支持企业开展跨区域产业协作，吸引东部企业到中西部和东北投资。鼓励央企优化调整下属企业的区域布局，将下属企业产生的利润更多地留在地方，支持中西部和东北发展。顺应区域协同发展的形势，支持多层次、多形式、多领域的功能平台合作，促进政企良性互动，引导社会资本参与功能平台建设。

第三，深化区域互助机制。完善发达地区对口帮扶体制，因地制宜探索产业帮扶、干部交流、人才培养等多种帮扶模式，鼓励有条件的地方探索政府主导、市场介入、公众参与的社会化对口帮扶模式。此外，为了改变长期以来对口帮扶的单向利益输出做法，中国应建立互利共赢的可持续的帮扶机制，使发达地区在对口帮扶中拓展发展新空间。

第四，完善区际补偿机制。在推动长江经济带绿色发展中，探索建立流域上中下游生态保护补偿机制，形成以纵向、横向相结合的财政补偿为主，以市场化的排污权转让为补充的生态补偿体系。依托重点生态功能区开展生态补偿示范区建设，按照生态功能区面积和区域人口设计生态补偿基金实施方案，建立生态保护、居民就业转换、建设用地指标跨地市流转等多种形式的经济补偿，确保生态功能区居民生活水平和基本公共服务与其他地区相当。完善国家农产品主产区建设的配套支持政策，建立粮食直补与市场价格挂钩的调节机制，加大对农产品主产区的财政转移支付，促进区际利益协调平衡。

（九）提升各级政府落实协调发展的能力

第一，动员各级政府开展区域协调发展专题的干部培训和宣传活动。为了解决地方领导干部对区域协调发展认识存在的偏差甚至误读的问题，中央有关部门应要求各级政府举办领导干部学习区域协调发展专题研讨班，使各级领导干部准确把握战略的实质，让贯彻落实区域协调发展战略成为各级领导干部的自觉行动。同时，中央有关部门应充分利用媒体等渠道加大舆论宣传引导，让广大社会公众特别是领导干部更加深入学习贯彻落实区域协调发展战略。

第二，建立地方领导干部促进区域协调发展的激励和问责机制。为了提高各级领导干部贯彻落实协调发展理念的积极性，中央有关部门应要求各级政府在领导干部政绩考核评价体系中适当增加区域协调发展方面的指标，充分发挥"指挥棒"的作用。同时，利用国务院大督查的机会，加大对地方政府贯彻落实区域协调发展情况的监督检查，抓出一些典型事例进行曝光，对有关责任人进行问责。

第三，建立支撑协调发展的区域治理体系。现阶段，为了更好地促进省际协调，中央有关部门需要在京津冀、长三角等重点区域探索新型的区域治理模式，建立常设的区域协调机构，负责组织实施有关跨省协调的重大区域发展战略和国家区域政策。与之相适应的，继续完善区域协调发展新机制，引导生产要素自由顺畅流动和产业有序转移。强化各级政府贯彻落实协调发展的责任，加强对特殊困难区域的帮扶援助，有效缓解中国地区发展不平衡不充分问题。

参考文献

安虎森、肖欢：《我国区域经济理论形成与演进》，《南京社会科学》2015 年第 9 期。

陈栋生：《论区域协调发展》，《北京社会科学》2005 年第 2 期。

陈瑞莲：《欧盟国家的区域协调发展：经验与启示》，《政治学研究》2006 年第 3 期。

陈秀山、杨艳：《我国区域发展战略的演变与区域协调发展的目标选择》，《教学与研究》2008 年第 5 期。

陈秀山、杨艳：《区域协调发展：回顾与展望》，《西南民族大学学报》（人文社会科学版）2010 年第 1 期。

陈耀：《构建区域协调新机制应充分体现制度优势》，《区域经济评论》2019 年第 1 期。

常阿平、彭伟功、梁丽珍：《区域经济与环境协调发展的指标体系及定量评价方法研究》，《环境科学与管理》2009 年第 10 期。

蔡晓珊、安康：《我国区域经济协调互动发展评价体系
　　研究》，《经济问题探索》2012 年第 10 期。

邓仲良、张可云：《“十四五”时期中国区域发展格局
　　变化趋势及政策展望》，《中共中央党校（国家行政
　　学院）学报》2021 年第 2 期。

邓宏兵、曹媛媛：《中国区域协调发展的绩效测度》，
　　《区域经济评论》2019 年第 1 期。

范恒山、孙久文、陈宣庆等：《中国区域协调发展研
　　究》，商务印书馆 2012 年版。

范恒山：《我国促进区域协调发展的理论与实践》，
　　《经济社会体制比较》2011 年第 6 期。

范柏乃、张莹：《区域协调发展的理念认知、驱动机制
　　与政策设计：文献综述》，《兰州学刊》2021 年第
　　4 期。

樊杰、赵艳楠：《面向现代化的中国区域发展格局：科
　　学内涵与战略重点》，《经济地理》2021 年第 1 期。

广东省政府发展研究中心调研组：《国外促进区域协调
　　发展的经验与启示》，《广东经济》2013 年第 6 期。

杭海、张敏新、王超群：《美、日、德三国区域协调发
　　展的经验分析》，《世界经济与政治论坛》2011 年第
　　1 期。

韩永文、马庆斌、陈妍等：《我国区域协调发展问题研

究》，中国经济出版社 2021 年版。

胡超美、朱传耿：《中国区域协调发展研究综述》，《学习与实践》2008 年第 10 期。

黄永春、朱帅、雷砺颖：《中国资源、经济和环境发展水平与协调度的研究》，《经济与管理评论》2018 年第 1 期。

金碚：《以区域协调发展新机制焕发区域发展新动能的重要机理》，《区域经济评论》2019 年第 1 期。

姜文仙、覃成林：《区域协调发展研究的进展与方向》，《经济与管理研究》2009 年第 10 期。

江丽、李琳：《中国区域经济非均衡协调发展对策研究——以美国、日本、德国经验为借鉴》，《北方经济》2021 年第 2 期。

李兰冰：《中国区域协调发展的逻辑框架与理论解释》，《经济学动态》2020 年第 1 期。

马浩：《国外区域经济非均衡协调发展经验及对山东的启示》，《管理现代化》2013 年第 1 期。

马慧敏、丁阳、杨青：《区域生态—经济—社会协调发展评价模型及应用》，《统计与决策》2019 年第 21 期。

庞玉萍、陈玉杰：《区域协调发展内涵及其测度研究进展》，《发展研究》2018 年第 9 期。

彭荣胜：《区域经济协调发展内涵的新见解》，《学术交流》2009 年第 3 期。

秦长江：《欧盟促进区域协调发展经验与启示》，《创
　　新科技》2015 年第 6 期。

覃成林、姜文仙：《区域协调发展：内涵、动因与机制
　　体系》，《开发研究》2011 年第 1 期。

钱书法、郑子媛、周绍东：《对外开放与对内开放的协
　　同机制研究——以党的十八大以来区域协调发展战
　　略为例》，《现代管理科学》2021 年第 1 期。

孙倩：《国内区域协调发展状况定量评价研究综述》，
　　《技术经济与管理研究》2012 年第 7 期。

藤田昌久等：《集聚经济学——城市、产业区位与全球
　　化（第二版）》，格致出版社 2016 年版。

王曙光、金向鑫、周丽俭：《区域经济协调发展财税政
　　策研究的演进与展望》，《哈尔滨商业大学学报》
　　（社会科学版）2017 年第 6 期。

王波：《城乡基本公共服务均等化的空间经济分析》，
　　博士学位论文，首都经济贸易大学，2016 年。

王一鸣：《实施区域协调发展战略》，《经济日报》
　　2017 年 11 月 16 日。

万媛媛、苏海洋、刘娟：《生态文明建设和经济高质量
　　发展的区域协调评价》，《统计与决策》2020 年第
　　22 期。

汪波、方丽：《区域经济发展的协调度评价实证分

析》，《中国地质大学学报》（社会科学版）2004 年第 6 期。

王曙光、梁伟杰：《区域经济协调发展的 ISSP 测度指标体系研究》，《商业研究》2017 年第 9 期。

魏后凯：《现代区域经济学（修订版）》，经济管理出版社 2011 年版。

魏后凯：《促进区域协调发展的路径分析》，《经济日报》2021 年 3 月 18 日。

肖金成、申现杰：《中国现代化新征程与"十四五"区域空间发展方向》，《河北经贸大学学报》2021 年第 3 期。

徐康宁：《区域协调发展的新内涵与新思路》，《江海学刊》2014 年第 2 期。

杨永芳、王秦：《我国生态环境保护与区域经济高质量发展协调性评价》，《工业技术经济》2020 年第 11 期。

袁惊柱：《中国与欧盟区域政策比较分析》，《调研世界》2011 年第 3 期。

袁惊柱：《区域协调发展的研究现状及国外经验启示》，《区域经济评论》2018 年第 2 期。

钟世坚：《区域资源环境与经济协调发展研究——以珠海市为例》，博士学位论文，吉林大学，2013 年。

张可云：《区域协调发展新机制的内容与创新方向》，

《区域经济评论》2019 年第 1 期。

张首魁、赵宇：《中国区域协调发展的演进逻辑与战略趋向》，《东岳论丛》2020 年第 10 期。

张超、钟昌标、蒋天颖、李兴远：《我国区域协调发展实控分异及其影响因素》，《经济地理》2020 年第 9 期。

张燕、公丕萍、徐唯燊：《推动区域协调发展 促进构建新发展格局》，《中国经贸导刊》2021 年第 6 期。

Ron Martina，Peter Sunley，"Towards a developmental turn in evolutionary economic geography？"，*Regional Studies*，2015，49（5）．

Arne Isaksen，"Industrial development in thin regions：trapped in path extension？"，*Journal of Economic Geography*，2015，15（3）．

后　记

2021年，正值中国共产党建党百年，中国取得了全面建成小康社会的伟大历史性成就，顺利实现第一个百年奋斗目标，乘势而上开启社会主义现代化国家新征程。在向第二个百年奋斗目标进军中，中国既要充分利用各方面的优势和条件，又要扎实深入实施区域协调发展，着力解决地区发展不平衡不充分问题。党的十八大以来，习近平总书记多次就区域协调发展问题发表重要讲话并做出重要批示指示。在习近平总书记亲自谋划、亲自部署和亲自推动下，中国脱贫攻坚战取得了全面胜利，京津冀协同发展、长江经济带发展、粤港澳大湾区建设、长江经济带发展、黄河流域生态保护和高质量发展等区域重大战略进入实施阶段，西部大开发、中部崛起、东北振兴等战略继续深入实施，协调发展理念得到贯彻落实。几年来，中国区域协调发展取得了显著的成效，区域城乡发展差距有所缩小，区域互动明显增强，区域一体化迈上新台阶，这些新变化、新进步为加快构建新发展格局创造了有利的条件。

为落实《中共中央国务院关于建立更加有效的区域协调发展新机制的意见》，在国家发展和改革委地区经济司的支持下，我们2017年就组建了一个课题组开展中国区域协调发展指数的评价指标体系研究，并根据区域协调发展的理论、内涵和基本目标设计了指数的评价指标体系，试图通过五个维度来反映区域协调发展的效果。为了完成这项任务，课题组还曾深入到北京、河北、河南、福建、广东、安徽、云南、陕西、黑龙江等多个省市调研，实地了解各地落实区域协调发展战略的基本情况和利益诉求，从中积累大量的现实素材。同时，课题组还查阅美国、欧盟、日本等发达经济体从中央政府层面开展区域协调发展工作有关文献，出访了罗马尼亚、匈牙利等国家实地了解欧盟区域政策实施的做法和效果。无疑，上述这些经历为这项成果的顺利完成打下了较好的基础。同时，为了使这个评价指标体系更具合理性、科学性和实用性，课题组邀请了中国社会科学院、国务院发展研究中心、北京大学、中国人民大学、中国宏观经济研究院等机构的专家学者对评价指标体系进行论证，同时在国家发改委地区经济司的推动下，还以现场会的形式当面征求了财政部、生态环境部、自然资源部、国家统计局等有关部门负责同志对这项成果的意见建议。在综合考虑各方面意见建议的基础上，课题组对评价指标体系进行多次反复修改，最终确定了这个体现区域协调发展三个基本目标和两个基本要求的评价指标体系，并形成一份中国社会科学院学者的智库研究成果。

这项成果历时近五年的时间，课题组成员在这期间因工作调动而到了不同单位，即使这样，大家都能齐心协力，不辞辛苦将这项工作进行到底。我负责课题研究设计和书稿最后审定工作，叶振宇负责书稿统稿，各章具体写作分工如下：中英文摘要和第一章执笔人为叶振宇、崔志新；第二章执笔人为袁惊柱；第三章执笔人为黄群慧、叶振宇、王宁；第四章执笔人为叶振宇；第五章执笔人为黄群慧、叶振宇、姚鹏。

本报告是 2017 年国家发展和改革委地区经济司委托我们承担的一项课题研究的最终成果，但仅代表课题组研究观点。在课题研究过程中，我们的研究工作得到了国家发展和改革委地区经济司张东强巡视员、江洪处长、冯垚处长、随志宽博士等同志的大力支持和悉心指导。同时，为了让这项成果更有力地服务国家战略和积极引导社会舆论，中国社会科学出版社赵剑英社长和王茵副总编辑等同志予以大力支持并做了细致的编辑工作。在此，对以上同志一并致以诚挚的谢意！

在撰写报告的过程中，课题组收集整理了很多公开出版的统计数据，也参考吸收了中央或地方政府部门发布的报告和有关学者的观点，借此对相关单位和个人表示感谢。本报告难免有疏漏之处，敬请读者们批评指正！

黄群慧

2021 年 6 月 28 日